Zu Fuß nach Rom

Bilder, Erlebnisse und Eindrücke eines Weges

Lieber Leser,
hier ist ein Stück meines
Lebensweges beschrieben.
Möge Ihrer von neuen
Horizonten, von Zuversicht
und guten Menschen be-
gleitet sein!

Im August 2011 J. Lippert

Impressum

Hipper, Josef – Zu Fuß nach Rom
Bilder, Erlebnisse und Eindrücke eines Weges

ISBN 978-3-86342-221-9

1. Auflage vom März 2011

Autor:
Josef Hipper

Fotos:
Josef Hipper, Karl Josef Kruk, Franz Mattes

Gestaltung:
goodform - Büro für Grafik & Gestaltung
Holger Spreda

Satz, Druck und Bindung:
www.buchwerft.de

Zu Fuß nach Rom

Bilder, Erlebnisse und Eindrücke eines Weges

Inhalt

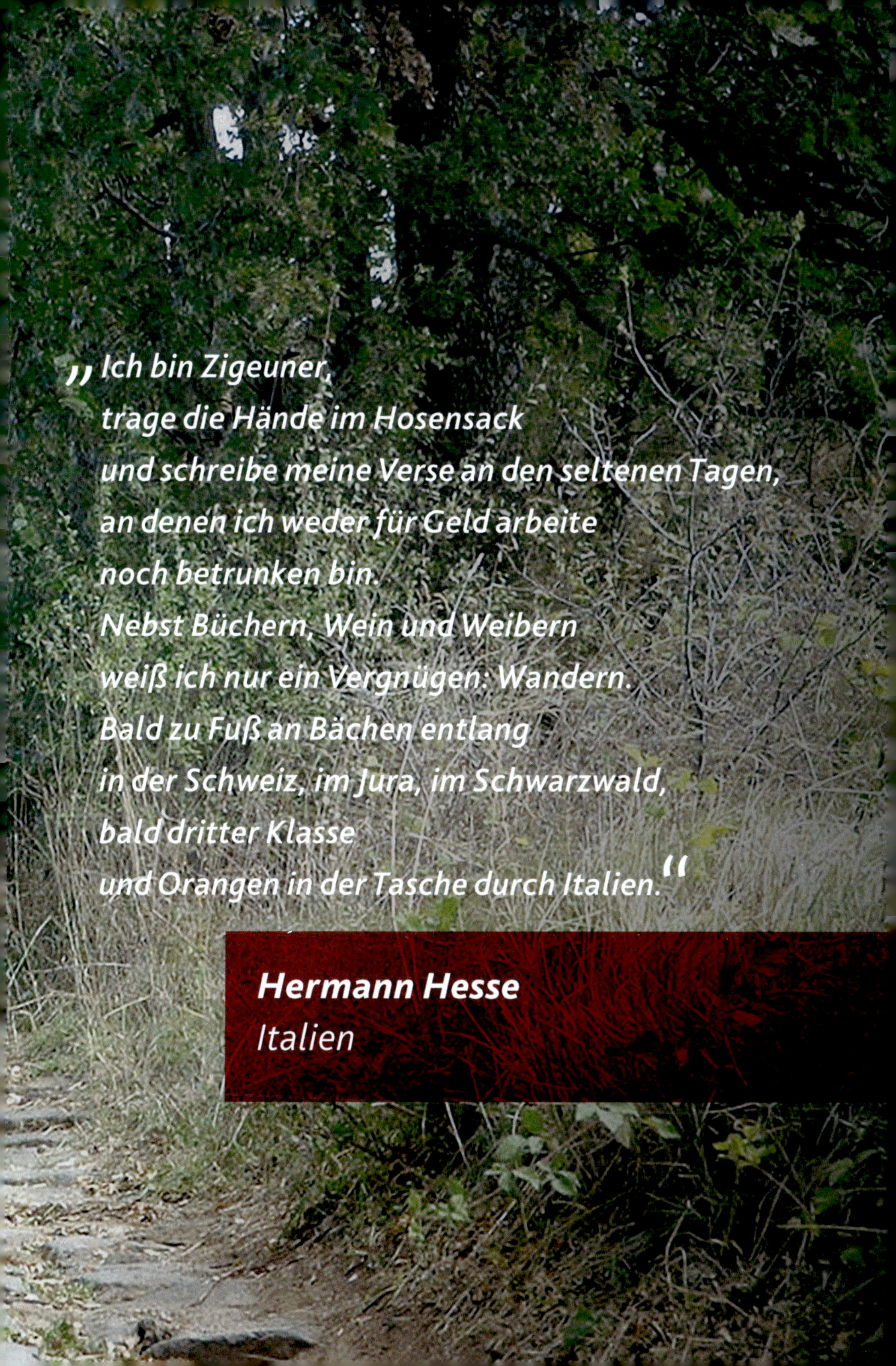

„Ich bin Zigeuner,
trage die Hände im Hosensack
und schreibe meine Verse an den seltenen Tagen,
an denen ich weder für Geld arbeite
noch betrunken bin.
Nebst Büchern, Wein und Weibern
weiß ich nur ein Vergnügen: Wandern.
Bald zu Fuß an Bächen entlang
in der Schweiz, im Jura, im Schwarzwald,
bald dritter Klasse
und Orangen in der Tasche durch Italien.“

Hermann Hesse
Italien

Empfehlungsschreiben

Die Herren
Karl Josef Kruk und **Josef Hipper** beide wohnhaft in
D-88454 Hochdorf in Süddeutschland
sind in mehreren Etappen von Deutschland aus zu Fuß unterwegs zu den Gräbern der Heiligen Apostel Petrus und Paulus in die Heilige Stadt Rom.
Sie verstehen sich als Pilger und wollen ihren Weg in möglichst großer Einfachheit gehen.
Sie sind unserem Kloster in Freundschaft verbunden und als ehrenwerte Männer bekannt.
Höflich bitten wir, diese Pilger bei ihrer Wallfahrt zu unterstützen und nach Möglichkeit Hilfe zu gewähren.

P. Leonhard Berchtold SDS (Societas Divini Salvatoris)
Superior

Raccomandazione

I Signori
Karl Josef Kruk e **Josef Hipper**, tutti e due residenti a
D-88454 Hochdorf nella Germania meridionale,
si sono messi in marcia per fare a tappe un pellegrinaggio a piedi alle tombe dei Ss. Apostoli Pietro e Paolo a Roma.
Vogliono essere proprio pellegrini e fare questo itinerario in semplicità grandissima.
Hanno relazioni amichevoli colla nostra communità e sono persone onorevoli. Preciò li raccomando volontieri e vivamente.
Si prega gentilmente di aiutare questi due pellegrini durante il loro pellegrinaggio pedestre e di assisterli al quanto possibile. Di cuore ringrazio di ogni aiuto prestito a loro.

SALVATORKOLLEG BAD WURZACH

P. Leonhard Berchtold SDS (Societas Divini Savatoris)
Superiore

Vorwort

Entstanden ist die Idee, zu Fuß nach Rom zu gehen, in Portugal. Was mich betrifft, so war ich schon immer ein sehr bewegungsorientierter Mensch. Auf einem Bauernhof aufgewachsen, war ich oft und gerne draußen. Es kam auch immer wieder vor, dass ich von Regen oder Gewitter überrascht wurde und mir irgendwie helfen musste. Das empfand ich jedoch nicht als unangenehm, sondern eher als abenteuerlich. Später war ich dann gerne beim Bergwandern und Klettern. Mit der Gründung einer Familie und der starken Einbindung im Beruf, wurde die Sehnsucht nach der Ferne und nach ein bisschen Abenteuer immer größer. So gelang es einige Male, uns wegzustehlen von Familie und Arbeit um diesem Wandertrieb zu frönen. Nur mit dem Notwendigsten ausgerüstet, strichen wir für ein paar Tage einfach so aufs Geratewohl übers Land.

Das Wohltuende und gleichzeitig Faszinierende daran war (und ist) dieses sorgenfreie Leben. Den ganzen Ballast reduzieren auf den Inhalt eines Rucksackes, auf das was man bei sich tragen kann. Beim Gehen oder Wandern bewegen wir uns in einem Rhythmus und in einer Geschwindigkeit, die dem Bewegungsapparat und der menschlichen Mentalität am zuträglichsten ist. Man kann sich unterhalten, stundenlang still bei sich bleiben, träumen oder sich von den wechselnden Landschaften inspirieren lassen.

Einmal, im Jahr 1996, wollten wir doch mal weiter weg und das auch eine ganze Woche. So landeten wir im Süden von Portugal, in der Algave. Auf dem Heimweg vereinbarten wir, zukünftig jedes Jahr einmal auf Wanderschaft zu gehen. Ich schlug mehr oder weniger willkürlich Rom vor. Ohne mir Gedanken darum zu machen, wie lange wir dazu benötigen würden oder welchen Weg wir gehen würden. Weil die Idee, zu Fuß nach Rom zu wandern, in Portugal entstanden ist, möchte ich nachfolgende kleine Geschichte aus dem Tagebuch von damals hier einbinden...

Silves, Portugal; Karfreitag 1996

Geschrieben an Ostern 1996 in Portugal

Bis letztes Jahr wusste ich überhaupt nicht, dass der südliche Landstrich Portugals 'Algarve' genannt wird. Falls Sie sich bis heute auch nicht mit der Algarve beschäftigt hatten: Das kleine 'r' wird unterschlagen: also Algave. Wir sind mit dem Flugzeug hingeflogen. Wegen einer Woche würde sich Zugfahren nicht lohnen; Autofahren auch nicht. Das Fliegen war herrlich. Von Null Grad und Graupelschauer in München nach drei Flugstunden eintauchen in 21 Grad Frühlingswärme. Wir waren ab sofort überwiegend zu Fuß unterwegs. Für die erste Nacht hatten wir uns in einem Hotel eingenistet. Nach drei Kilometern Fußmarsch mit unserem Rucksack, in dem wir die Utensilien für eine Woche mittrugen, hatten wir es erreicht. Von dort aus fuhren wir am nächsten Morgen mit dem Omnibus Richtung Westen. Wir hatten keinen konkreten Plan, wo es hingehen sollte. Nur zu Fuß übers Land streichen. Ganz banal. Wie Landstreicher. Allerdings waren wir dann doch eher „Edellandsteicher". Mein Freund Karl Josef erfüllte sich am dritten Tag einen Jugendtraum und erstand in einer größeren Stadt eine (etwas zu kleine) Kapitänsmütze. Für rund zwölf DM. Der Kurs war günstig. Meinen Strohhut bekam ich für zehn Mark. Wenn es heiß wurde, trug ich mein Dreieckstuch vom Verbandszeug um den Hals. Allerdings erst später, zu spät, nachdem ich bereits einen Sonnenbrand verspürte.

Übrigens, so übers Land streichen, das hatten wir vorher bereits zweimal gemacht. Auf der schwäbischen Alb für jeweils zwei bis drei Tage. Ein herrliches Gefühl. Bei Sonne und Sommerwärme einfach so ungefähr irgendwohin marschieren. Laufen (darunter verstehen wir Schwaben das, wozu normale Deutsche 'gehen' sagen) muss man mögen. Eigentlich muss man geil darauf sein, sonst ist es öde und langweilig. Eine Landkarte nehmen wir zwar jedes Mal mit, allerdings weniger, um unsere Route festzulegen, eher schon, um unseren jeweiligen Standort zu bestimmen. Einmal sind wir in Schwäbisch Gmünd einmarschiert. Das muss ich doch geschwind einschieben. Wir sind bei diesen Gelegenheiten ganz normal gekleidet. Mit Jeans, Hemd, Pulli und so. Zwar nicht frisch rasiert, halt mit Rucksack auf dem Rücken und Wanderstab in der Hand. So standen wir ein bisschen, gingen umher, schauten hier und dort. Plötzlich tanzte ein älteres Männchen um uns herum und maulte uns an. „Lumpenpack, Nichtsnutze, rausjagen sollte man so was aus der Stadt" (aus dem schwäbischen übersetzt). Zunächst verdutzt, dann erheitert, schauten wir uns an. Dass uns rechtschaffenen Leuten so was noch passieren kann. Mitten in Deutschland, mitten im Schwäbischen, mitten in einer Stadt, mitten am Tag. Na ja, wir nahmen's gelassen. Das Männlein verschwand sehr schnell wieder, wahrscheinlich ob seiner mutigen Worte selbst überrascht.

Aber jetzt machen wir erst einmal Portugal fertig. Also, Silves hieß die Stadt, beziehungsweise, ich denke, die heißt immer noch so. Wir waren schon zwei Tage bei herrlichem Wetter unterwegs. Das erste Stück von Faro aus fuhren wir mit dem Bus Richtung Westen. Ja, und weil heute das Wetter nicht so gut war, peilten wir diese Stadt an. Wie Goethe auf seiner Italienreise kam ich mir vor. Jedenfalls so, wie ich annehme, dass sich dieser Herr Goethe gefühlt haben muss. Mit Gott und der Welt in Frieden und Einklang. In den Tag hineinleben. Interessantes anschauen. Ob es sich um eine Kirche, eine Markthalle, kleine Geschäfte, einen Gemüsemarkt, Museen oder natürliche Objekte handelt. Mit vierzig Jahren sah ich zum ersten Mal mitten in einer Stadt reife Orangen und Zitronen auf den Bäumen. Über kurz oder lang würden wir's uns erlauben, welche herunter zu holen, Orangen natürlich, denn Zitronen schmecken ja bekanntlich sauer. Als wir am sechsten Tage der Versuchung nicht widerstehen konnten, so, wie damals Eva im Paradies, stellten unsere Gaumen fest, dass gerade diese Sorte eher eine von den saueren war. Anstandshalber aßen wir unsere geklauten Orangen dann aber. Gesund waren sie ja vielleicht doch.

Wegen des Windes, der mein gerade etwas längeres Haar in den letzten Tagen wild zerzauste, kam ich auf die Idee, bei nächster Gelegenheit meine Haare schneiden zu lassen. Zum Friseur gehen, das mache ich oft, wenn ich im Urlaub bin. Wenn ich auf einem Bahnhof mal eine halbe Stunde warten muss, kann es sein, dass ich einen Friseur aufsuche. Wo dieser Spleen herrührt? Wahrscheinlich von meinem chronischen Zeitmangel. Meinem klaren Entschluss stand entgegen, dass heute Karfreitag war und es sah zunächst so aus, als ob alle Geschäfte geschlossen hätten.

Jetzt waren wir zum Stadtkern durchgedrungen und befanden uns auf einem ansprechenden kleinen gepflasterten Marktplatz. Rechts oben, der Eingang zur Kirche. Im Viereck außen, dicht gedrängt die Häuser, Läden, auch Wohnhäuser, öffentliche Gebäude und dazwischen kleine Gassen. Mittlerweile war die Sonne zwischen den Wolken durchgekommen. So standen wir dort links unten am Marktplatz. Wir beobachteten einfach alles um uns herum. Gewannen erste Eindrücke. Nichts denken müssen. Alles was kommt durch den Kopf gehen lassen. Nichts behalten müssen und doch alles aufnehmen. Keinen Hunger haben. Alle Zeit haben. Warten können, bis etwas geschieht. Schön. Und - es geschah. Aus dem Haus, vor dem wir standen, oder besser gesagt an dem wir uns angelehnt hatten, trat ein Mann. Unsere Aufmerksamkeit wurde dadurch selbstverständlich auf diesen Mann und auf den Hauseingang, aus dem er eben herausgekommen war, gelenkt. Ein Friseur. Alles deutete darauf hin, hier konnte ich meine Haare schneiden lassen. Ein Blick zu Karl Josef, ein Wink mit dem Kopf Richtung Innenraum und schon standen wir drin. Der Friseur kam uns von draußen nach. Er war sichtlich erfreut, schon zu so früher Stunde den ersten Kunden zu haben. Ein alter Schuppen war dieser Raum. Ungefähr vier mal sechs Meter groß. Ich vermutete, dass seine Frau vor etwa 8-10 Jahren gestorben oder mindestens ausgezogen war. Alles war vergilbt, lag unordentlich und verstaubt in Vitrinen. Wurde seit Jahren nicht mehr benutzt. Als Türe in den dahinter liegenden Raum diente ein schräg herunter hängender Vorhang. Bei dem 'Behandlungsstuhl', der wohl aus einer Vorgängergeneration stammte, konnte man sämtliche Produktionsschritte nachvollziehen. Insbesondere die Reste des Innenlebens der Sitzpolster machten mir meinen Entschluss, vorerst doch aufs Haarschneiden zu verzichten, unerwartet leicht. Karl Josef sah das anders. Er versuchte mir deutlich zu machen, dass gerade dies ein origineller Ort war, sich seiner (bzw. mich meiner) Haartracht zu entledigen. Er hatte sich bereits mit einem Mann mittleren Alters und mittlerer Größe angefreundet, der inzwischen auch das Etablissement betreten hatte. Es ging nicht mehr anders. Ich musste hier bleiben. Es gab einfach keinen Grund, den Saal zu verlassen, wenn man schon mal hier war und sich auch irgendwie sympathisch fand. Jedenfalls der Friseur uns. Was seinen äußeren Eindruck betraf, hatte er sich seinem Einrichtungsniveau angepasst. Sein Alter schätzte ich auf etwas über fünfzig. Er machte den Eindruck, dass er seit geraumer Zeit bereits von der Substanz lebte. Und zwar in jeder Hinsicht. Die gelben Finger waren ein Resultat seiner unüberseh- und -riechbaren Raucherleidenschaft. Und je mehr er auf mich einredete und wir uns körperlich näher kamen, desto mehr gewann ich den Eindruck, dass dieser Raum auch eine Art Ersatzkneipe für die Kumpels unseres Meisters war.

Mit der Verständigung haperte es. Bei uns beiden freilich nicht erst heute. Allerdings konnten wir uns bisher meistens mit Englisch helfen. Hier half das allerdings nicht weiter. Bis der Freund unseres Meisters eingriff und beteuerte, er könne 'deutsche sprechen'. Dran war was. Aber nicht viel. Nach einiger Zeit und mit vielem Gestikulieren und Heranziehen sachverwandter Begriffe, fanden wir gemeinsam heraus, dass er so was wie der Chef vom gegenüberliegenden Postamt war und er schon deshalb intellektuell und sprachlich gebildet sein musste. Soweit so gut.

Mittlerweile befand ich mich bereits auf dem jetzt nicht mehr höhenverstellbaren 'Scherrstuhl'. Er wird mir ewig in Erinnerung bleiben. Dieser einmalige, vergammelte, modrige, abgewetzte Friseurstuhl. Es ging nicht mehr darum, ob ich jetzt Haare schneiden lassen wollte oder nicht, sondern nur noch darum welchen Schnitt er mir antun sollte. Hilfreich und sprachbegabt wie unser Postbeamte war, schaltete er sich mit Karl Josef in unsere körperbetonte Diskussion ein. Kurz, lang, stufig, die Ohren frei, so ein bisschen nach hinten. Auf portugiesisch? Auf deutsch? Es half nichts, wir waren mit unserem Latein am Ende. Wir schauten einander fragend und hilflos an. Mittlerweile hielt sich der Geschäftsinhaber mehr und mehr zurück, als ob er gewusst hätte, dass wir ohnehin zu keinem Ergebnis kämen Plötzlich kam es aus dem Munde unseres Meisters, das erlösende Wort: N O R M A L! Ja, ich nickte zustimmend und wiederholte brav den Vorschlag, der alles so einfach machte: Ja, normal.

Erst such dir einen Gefährten, dann erst begib Dich auf die Reise!

Fernöstliches Sprichwort

Die Routen auf den Etappen-Skizzen stellen nur einen ungefähren Streckenverlauf dar. Die tatsächlichen Routen waren den örtlichen Gegebenheiten entsprechend abweichend. Mal haben wir Bögen um größere Städte gemacht. Mal sind wir einem Fluß gefolgt oder sind auf einem Höhenweg geblieben, weil die Aussicht so wunderbar war. Oder wir sind auch mal querfeldein marschiert, weil uns das der direkte Weg zum nächsten Ort zu sein schien.

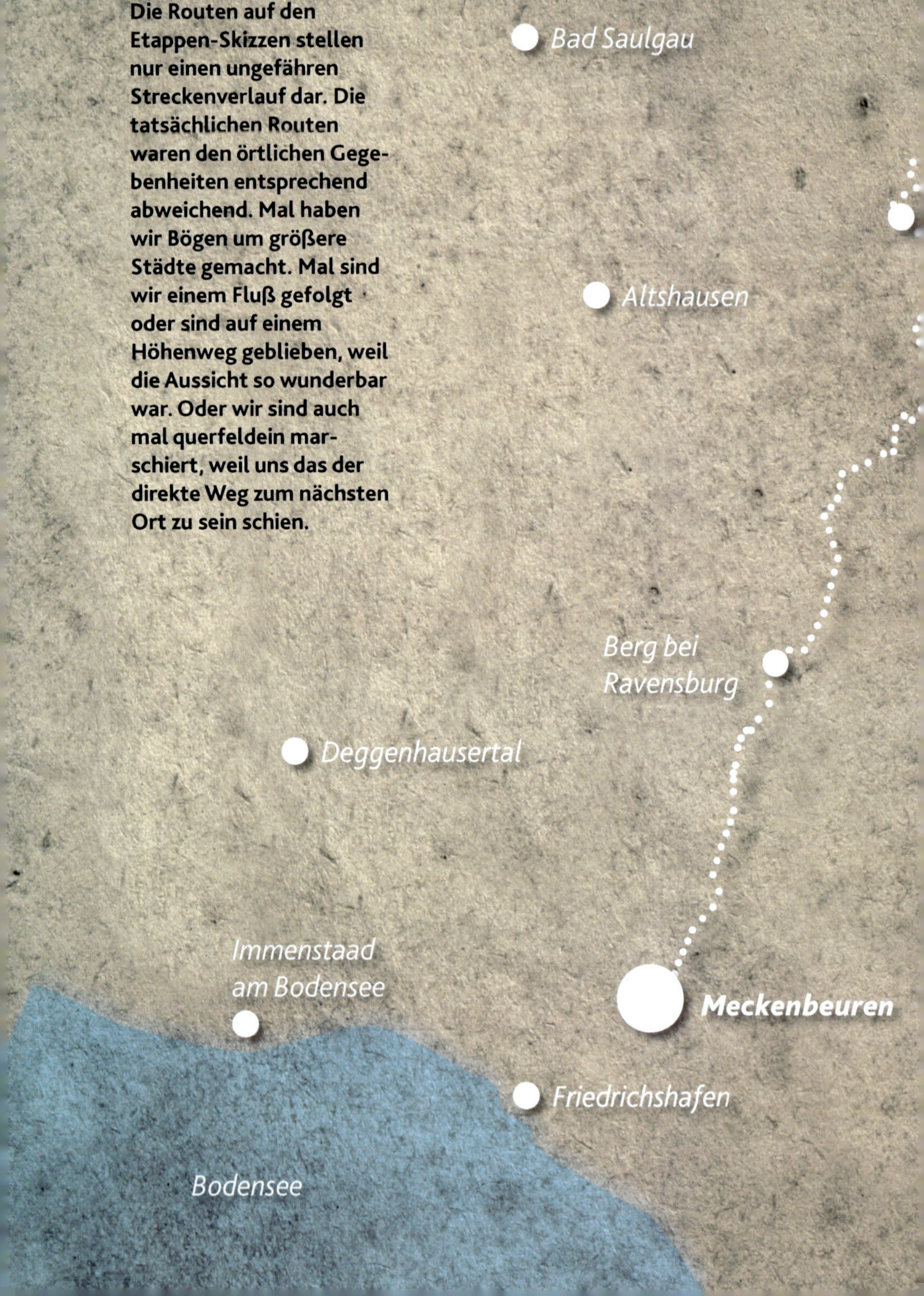

I. Teilstrecke von Hochdorf nach Meckenbeuren

Diese ersten zwei Wandertage auf unserem Weg nach Rom waren ganz in unserem Sinne: nette Menschen treffen, frische Luft, sich gesund und wohlfühlen – ausspannen.

Samstag, 3. Mai 1997

Von Hochdorf nach Mochenwangen

Punkt 12.00 Uhr beginnen wir unsere Reise nach Rom. Wir werden in Etappen gehen. Dazwischen werden wir immer wieder nach Hause fahren, um dann in einigen Monaten oder Jahren wieder eine Teilstrecke zurückzulegen. Wegen der Familie (bei mir) und des Geschäfts (bei Karl Josef) fangen wir klein an. Wir beabsichtigen, das Risstal hoch und dann das Schussental hinunter, Richtung Bodensee zu gehen.

An einem Hof, welcher zwischen Unter- und Oberessendorf liegt, haben wir das erste Gespräch mit einem Jungbauern, was allerdings nicht sehr ergiebig ist. Interessant ist allerdings das Innere seiner Garage, welche er zu einer Werkstatt umfunktioniert hat. Sie ist derart mit Eisenmaterial, Werkzeugen, usw. vollgestopft, dass er nur durch akrobatische Turnübungen an seinen Arbeitsplatz gelangen kann. So etwas habe ich noch nie gesehen. Die absolute Unordnung. Chaos überall.

Das Wetter ist herrlich, frühlingshaft. Mehr und mehr nehmen wir die Natur wahr, Vogelstimmen, Leben. Am interessantesten sind jedoch die Gespräche, welche wir am Rande der Straße führen. In Michelwinnaden. Da ist die junge Frau mit der Akku-Gartenschere und dem Pekinesenhund, die Anglerfamilie am Dorfweiher, oder ein Taubenzüchter, der uns über die Flug- und Orientierungsleistungen seiner Brieftauben aufklärt. In der Dorfkirche hören wir Orgelklänge. Wahrscheinlich probt der Organist für die sonntägliche Orgelbegleitung. Wir gönnen uns eine Viertelstunde Orgelkonzert. In der Kirche „finden“ wir Streichhölzer, welche wir zuhause vergessen haben.

Unser nächstes Ziel ist Durlesbach an der Schussen und der Bahnlinie Ulm-Friedrichshafen gelegen. Wer kennt es nicht, das Lied „Auf der schwäbschen Eisabahna, ... Schtuggert, Ulm ond Biberach, Mecklabeura, Durlesbach! In Anlehnung an dieses Lied ist hier eine Plastik mit dem Bäuerlein und seiner Ziege aufgestellt. Der Bahnhof ist seit Jahren stillgelegt. Irgendwie „wohnen“ dort zwei illustre Gesellen: Der eine, wir nennen ihn den Akademiker, mit nackten aber umso dreckigeren Füßen, der Rest ist ebensowenig einladend. Der andere, der kleine Dicke auch ungepflegt mit einem Restbestand an Zähnen; beide trinken gerade Rotwein und vespern. Sie betreiben einen christlichen Buchhandel. Karl Josef ersteht das Buch mit dem Titel „Satan, der Widersacher Gottes" zum halben Preis. Dann geht es weiter nach Mochenwangen. Der Pfarrer dort, nach einem Nachtquartier gefragt, lehnt ab. Wir essen im Hirsch. Kommt ein schmächtiger Typ herein, schleudert sein Schlüsselbund auf die Theke, sagt: „So, Ihr vollgeschissenen Hosen, ein großes Spezi, aber schnell" und setzt sich dazu.

Sonntag, 4. Mai 1997

Von Mochenwangen nach Meckenbeuren und wieder nach Hause

Heute umrunden wir in einem leichten Bogen Weingarten und Ravensburg in nordwestlicher Richtung. Dies stellt sich als recht umständlich und mühsam heraus, weil alle Verkehrswege irgendwie Richtung Schussental und Ravensburg führen. Wir möchten uns aber oberhalb des Schussentales abseits des Autoverkehrs bewegen. Wir erleben einen wunderbaren Ausblick auf das Schussental und die dahinterliegenden, in südöstlicher Richtung verlaufenden Allgäuer Berge. Nach anfänglichem Regen wird es wieder angenehm warm und nachmittags fast heiß.

In Steig bei Ravensburg kommen wir zu einem Festplatz, wo auf Initiative von ortsansässigen Handwerkern ein Sommerfest mit Ausstellung organisiert ist. Auch hier gibt es sehr aufschlussreiche Gespräche, bei denen wir allerhand Neues erfahren. Vor allem unser Reiseziel stößt immer wieder auf Unglauben. Als wir dann um 16:00 Uhr in Meckenbeuren ankommen, sind wir ganz schön geschafft. Zwei Tage hintereinander rund 30 km runtergebrochen mit Rucksack, dafür ohne Training, ist halt doch a bissle viel. Mit dem Zug geht's von Meckenbeuren zurück nach Biberach.

Hochdorf
Friedrichshafen
Romanshorn
Bodensee
Gossau
St. Gallen
Außenwasser
Feldkirch

II. Teilstrecke von Meckenbeuren nach Außenwasser, Wildhaus/St.Gallen

Die zweite Teilstrecke führt uns bereits an die Alpen heran. Vier volle Wandertage benötigen wir, um von Oberschwaben aus die Alpen zu erreichen. Das Bild ist auf der Heimfahrt über den Bodensee entstanden.

Mittwoch, 20. August 1997

Von Meckenbeuren nach Neukirch i. Thurgau

Um unser zweites Teilstück anzutreten, begeben wir uns per Auto zum Bahnhof nach Aulendorf. Der Zug geht um 13:52 Uhr ab, um 14:25 Uhr erreichen wir Meckenbeuren. Der Schussen entlang geht's Richtung Friedrichshafen. Die Schussen ist hier zum Teil noch richtig naturbelassen und es ist ein schönes Wanderrevier. Je näher wir Friedrichshafen kommen, desto „domestizierter" sind Wege und Grundstücke. Als wir nach dem Weg fragen und dabei unser Reiseziel erwähnen, löst das wiederum Unglauben aus. Die meisten finden das (und uns) jedoch irgendwie ganz witzig. Ein Ehepaar tritt uns mitleidig je einen ihrer mitgeführten Pfirsiche ab. Diese Obstmahlzeit ergänzen wir durch Selbstbedienung an den am Wege liegenden Obstplantagen. Etwas armselig muten diese auf einige wenige Ruten zurückgeschnittenen Apfelbäumchen schon an.

Nachdem wir erfolglos nach einem Reisebuch für unsere Fernwanderung Ausschau halten, geht's um 17:50 Uhr per Fähre über den Bodensee nach Romanshorn in die schöne, saubere, teure und wie wir später noch erleben werden, auch teilweise erzkonservative Schweiz. Von hier aus marschieren wir zunächst ein Stück am See entlang, Richtung Arbon, um nach ca. zwei Stunden ins Landesinnere einzubiegen. In diesem Teil der Schweiz gibt es viele gut ausgeschilderte Wanderwege. So finden wir uns leicht zurecht. Nach knapp sechs Kilometern beschließen wir, auf einem Bauernhof nach einem Quartier zu fragen. In der Schweiz ist im Gegensatz zu Deutschland und anderen mitteleuropäischen Staaten, die kleinbäuerliche Landwirtschaft noch weit verbreitet, was nicht zuletzt damit zu tun hat, dass es hier ordentliche direkte Subventionen vom Staat für die Erhaltung dieser Strukturen gibt. Unser Jungbauer, welcher mit Frau, zwei kleinen Kindern und Großeltern hier auf dem Hof lebt, stimmt ohne weiteres zu. Der Hof liegt in der Nähe von Neukirch im Thurgau und umfasst ca. 13 ha. Das Einkommen wird hauptsächlich von Milchwirtschaft und Obstbau bestritten. Die beiden züchten alte Obstsorten, von denen sie 150 (!) verschiedene angebaut haben. Alles ist sehr sauber hier auf dem Hof mit Bioland-Siegel.

Leider schlägt Karl Josef den vorsichtig vorgebrachten Vorschlag des Bauern, wir könnten vielleicht auch in einem Bett schlafen, allzu schnell aus. So legen wir uns, nachdem wir mit der Familie geplaudert haben, bereits gegen 21:45 Uhr in unser „Schlafgemach“ im Futtergang des Stalles. Die mit uns untergebrachten Kühe und die Schnaken sorgen dafür, dass wir nicht richtig schlafen können und bereits um 6:00 Uhr wieder aufbrechen.

Donnerstag, 21. August 1997

Von Neukirch nach Teufen (CH)

Trotz des Schlafdefizits fühlen wir uns fit und sind bei bester Laune. Die Grundstücke sind wirklich in einem super gepflegten Zustand. Den Gipfel der Sauberkeit stellen aber die überall aufgestellten „Hundekotabfallbehälter“ dar. Die Hundebesitzer sind verpflichtet, den Hundedreck in eine Plastiktüte zu stecken (ich könnte sogar noch beschreiben wie das ganz genau geht), dieselbe zu verknoten, bis zum nächsten Behälter zu tragen und dort einzuwerfen.

Wir halten uns in Richtung St. Gallen und gelangen zufällig auf einen alten Wanderweg, welcher direkt von Konstanz nach St. Gallen führt und vor kurzem wieder saniert wurde. Wir erleben einen wunderbaren Sonnentag und eine herrliche Wanderung. Gegen 09:00 Uhr leisten wir uns in einer gemütlichen Gaststätte ein gutes Frühstück und erreichen gegen Mittag bereits das Stadtzentrum von St. Gallen.

Wir wissen, hier gibt es viel Interessantes zu sehen, aber uns ist mehr nach ein bisschen Bummeln und Herumhängen. Unser Rucksackvesper nehmen wir dann im Park der Klosteranlage ein. Und sowas erlebt man(n) auch: Neben mir auf einer anderen Bank sitzt eine Frau von ca. 30 Jahren und nimmt ebenfalls ihr parkbankfähiges Essen ein. Unsere Blicke kreuzen sich, irgendwie finde ich diesen Menschen anziehend und nett. Da wir dieses Spielchen noch ein paar Mal wiederholen, ist es wohl umgekehrt ähnlich. Bevor einer von uns den Mut hat, den anderen anzusprechen, trennen sich unsere Wege. Wir besichtigen die doppeltürmige Kathedrale. Sie gilt als das Wahrzeichen der Stadt St. Gallen und ist der letzte Neubau des Benediktinerordens im 18. Jahrhundert in der Schweiz. In einer Buchhandlung finden wir endlich einen Reiseführer für den Europaweg I, der uns helfen soll, die Alpen zu überqueren. Ab jetzt geht es über Berg und Tal. Zunächst den Berg hoch, heraus aus St. Gallen, Richtung Appenzell. Wir fragen zwei ältere Damen nach einem Wanderweg Richtung Appenzell. Sie können gar nicht begreifen, dass wir zu Fuß diese Strecke gehen kann. Als wir Ihnen erklären, dass wir eigentlich auf dem Weg nach Rom sind, bekommt die eine einen Lachkrampf und prustet dabei: „I glaub mir haut' s da Schnufer nus"! Den Weg finden wir dann selber und nach einer Schlafpause kommen wir gegen 18:00 Uhr in Teufen an. Eine einfache (womit ich hauptsächlich preiswert meine) Unterkunft gibt es hier wohl auch nicht. So beschließen wir, wieder einen Bauernhof aufzusuchen. Und prompt werden wir auf dem ersten auch aufgenommen. Wir richten unser Schlafgemach im (Stroh-) Lager ein und verbringen eine gute Nacht dort. Bauer und Bäuering sind sehr aufgeschlossen. Unter anderem helfen wir der Bäuerin, der die Abwechslung, die wir ihr bieten, sichtlich gut tut. Ich brauche nicht zu erwähnen, dass sie eine attraktive Bäuerin ist, auch wenn sie schon über vierzig ist. Sie lädt uns noch zum Abendbrot ein und erzählt uns vieles aus Ihrem Leben. Unter anderem erfahren wir, dass ihr jetziger Mann neben seinem landwirtschaftlichen Beruf auch noch als Viehhändler tätig ist. Sie war Witwe, hat fünf Kinder, und ist erst vor zwei Jahren mit den jüngeren Kindern aus der sog. „Innerschweiz" hierher gekommen.

p.s.
Ein Jahr später verbringen wir mit unseren Kindern ein paar Urlaubstage dort auf dem Hof. Wir verabreden, dass wir (Karl Josef und ich mit Frauen und eben dieses Paar) uns auf einem Tanzschiff am Bodensee mal treffen. Im Sommer 2005 hatten Karl Josef und ich in der Schweiz zu tun. Wir beschlossen, dort mal wieder vorbeizuschauen. Wir trafen beide bei der Heuernte und freuten uns auf das Wiedersehen. Interessanterweise fiel

unser Besuch auf den 50. Geburtstag der Bäuerin und wenn wir gewollt hätten, wären wir bei der abendlichen Geburtstagsfeier dabei gewesen. So gab und gibt es auf unserer Tour Richtung Rom immer wieder herzliche Kontakte, welche wir z.T. bis zum heutigen Tag pflegen.

Ebenso besuchten wir später den berühmten Bibliothekssaal in St.Gallen. An mehreren Stellen gab es Hinweise, dass die Klostergründung dort und die Entwicklung der Besiedelung im Umkreis von einigen hundert Kilometern eng miteinander verbunden sind. Das gilt insbesondere auch für unsere oberschwäbische Heimat.

Freitag 22. August 1997

Von Teufen nach Außenwasser und wieder nach Hause

Auch an diesem dritten Tag kommen wir gut voran. Gegen Mittag erreichen wir Appenzell, die Hauptstadt des zweitkleinsten Kantons der Schweiz. Nach einem gemütlichen Vesper auf der alten Brücke und einem Stadtbummel treten wir das letzte Stück dieser Etappe an: Außenwasser. Von dort fahren wir per Appenzeller Kantonsbahn und Schweizer Bundesbahn zurück nach Romanshorn.

Auf der Fähre gibts ein Bier und wir genießen die silbrige Spiegelung der Sonne in unserem Kielwasser. Über Ravensburg, Aulendorf und von dort aus per Pkw sind wir schnell zurück in Hochdorf.

Außenwasser
Crabs
Sevelen
Walenstadt
Wartau
Sargans
Bad Ragaz

III. Teilstrecke von Außenwasser nach Sargans (CH)

Direkt vom Schreibtisch ins Auto, in den Zug, in die Wanderschuhe und in die Berge – zum Rotsteinpass am Säntis.

Donnerstag, 24. Juni 1999

Von Außenwasser über den Säntis nach Unterwasser

Nachdem Karl Josef im letzten Jahr seine neue Fabrikhalle erstellte, setzten wir unsere Romwanderung für ein Jahr aus. Aber in diesem Jahr haben wir uns rechtzeitig einen Termin reserviert.

Wir werden mit einem Holzlastwagen vom Holzwerk Schneider in Kappel bei Eberhardzell mit in die Schweiz fahren. Nachdem das kalte Wetter der letzten Tage nun auch noch umschwenkt, steht unserer Abfahrt (zunächst) nichts mehr im Wege. Wir lassen uns von Geli Hotz nach Kappel bringen. Leider müssen wir dort feststellen, dass der LKW erst später kommt und dann auch noch mehrere Abladestellen auf seinem Weg in die Schweiz hat. So lassen wir uns kurzerhand zurück nach Hochdorf holen. Dort starten wir unseren guten alten Fiat Uno und fahren um 11:00 Uhr ab in die Schweiz, wo wir gegen 1:00 Uhr in Altenstätten ankommen. Ein Bus bringt uns zum Zentralbahnhof. Unterwegs muss er wegen der Tour de Suise für unbestimmte Zeit an einer Kreuzung warten. Wir entschließen uns nicht länger zu warten und die restliche Strecke zum Bahnhof zu Fuß zurückzulegen. Was sich auch als richtig erweist, denn die Zeit reicht gerade noch, um ein Billet zu kaufen und schon sitzen wir im fahrenden Zug.

Mit zwei Zwischenstationen zum Umsteigen kommen wir gegen 14:00 Uhr in Wasserauen an. Mal sehen, was wir heute noch auf die Reihe kriegen? Wir gehen auf der linken Seite talaufwärts Richtung Säntis. Auf der Meglisalp nehmen wir eine Radlerhalbe zu uns, um dann gleich weiter Richtung Rotsteinpass/Rotsteinhaus zu gehen.

Es liegt noch viel Schnee und der Anstieg über die Schneefelder ist beschwerlich. Gegen 18:00 Uhr erreichen wir den Rotsteinpass am Säntismassiv und gegen 19:00 Uhr sind wir an unserem Ziel, der Schafbodenalm, angelangt. Trotz Vorankündigung und Reservierung ist niemand anwesend und die Hütte verschlossen. Vom Traubenwirt in Unterwasser, wo wir dann übernachten, erfahren wir, dass der Hüttenwirt heute Abend bei ihm beim Einkehren war. Da können wir lange auf 1700 Meter Höhe vor der Schafbodenalm auf ihn warten!

So mussten wir also alles in allem noch zweieinhalb Stunden dazugeben, was dazu führte, dass wir ziemlich fertig oder besser gesagt absolut auf dem Zahnfleisch in Unterwasser ankamen. Unterwegs fragte uns noch eine junge Frau, die etwas gelangweilt mit ihrem Kleinwagen durch die Gegend fuhr, wo wir denn hinwollten. Nachdem wir uns ein Weilchen mit ihr unterhalten hatten und ihr zwischendurch erklärten, dass wir ein Nachtquartier suchen, bot sie uns an, uns mitzunehmen. Unter Hinweis auf unser Gelöbnis, keine anderen Verkehrsmittel als unsere Füße zu benutzen, mussten wir (schweren Herzens) dieses Angebot ausschlagen. Leider. Denn erstens mussten wir ein paar mal praktisch im Kreis und dann nochmals drei Kilometer gehen, bis wir besagtes Quartier beim Traubenwirt fanden. Und zweitens war sie wohl zurecht von uns zwei komischen Typen enttäuscht, welche so ein Angebot ausschlagen. Und drittens hätte daraus noch ein ganz amüsanter Abend werden können.

Freitag, 25. Juni 1999

Von Unterwasser über Käserrugg/Churfürstenmassiv nach Lüsis

In der „Traube“ in Unterwasser wurden wir als einzige Gäste durch die Hintertür hereingelassen und sehr nett aufgenommen. Es war Ruhetag. Der Besitzer war oder ist auch heute noch, wer weiß, Schwabe aus dem Stuttgarter Raum, und er freute sich sehr über seine Landsleute.

Von hier aus ging es weiter in Richtung des Churfürstenmassivs. Über den „Sattel“ linker Hand vom Käserugg (Richtung Chäserrug) über den Nideri-Paß nach Lüsis, wo wir jetzt in einem sog. Alpengasthof, bzw. Kurhaus übernachten.

Samstag, 26. Juni 1999

Von Lüsis nach Flums

Um 07:30 Uhr starten wir von Lüsis, welches auf 1720 m liegt zum Abstieg in das ca. 450 m gelegene Tal nach Flums. Diesen anstrengenden Abstieg lockern wir durch „kontrolliertes Bräunen", sprich das Abliegen auf einem gemähten Wiesle, auf. Nach einem gemütlichen Frühstück im ersten Gasthof geht's weiter Richtung Zentrum von Flums zum Markt. Wir schlendern durch und kredenzen hier und dort etwas, bevor wir weiter nach Mels/ Sarganz aufbrechen. Immer wieder werden wir angesprochen, was wir vorhaben und wohin wir gehen.

Das mit Rom verwirrt die meisten zunächst. Eine etwas ältere Frau will uns unbedingt etwas von den Vorzügen ihrer Pension (für ein Ehepaar mit Kleinkind) überzeugen. Selbst der Einwand, dass wir zusammen acht Kinder haben, hält sie nicht davon ab, uns alles mögliche über Kinder zu erklären. Ebenso ein stumpenrauchender Wasserrad-Bau-Spezialist erklärt uns Gott und die Welt. Am Schluss sogar noch den Weg, indem er mit Helm und Mofa vor uns her fährt und uns Abkürzungen zeigt.

Nachdem sich die Suche nach einer preisgünstigen Übernachtungsmöglichkeit als schwierig erweist und es auch zu regnen anfängt, entschließen wir uns, kurzfristig bereits heute am Samstagabend nach Hause zu fahren. Per Zug geht's nach Altstätten und von dort aus im eigenem PKW zurück nach Hochdorf.

Eine spaßige Begebenheit muss ich noch anhängen. Auf obengenanntem Markt in Flums gab es auch einen Stand mit Miederwaren. Selbstverständlich haben wir da nicht nur ein Beratungsgespräch in Anspruch genommen, sondern auch etwas gekauft. Dieses „etwas" war ein schwarzer BH. Die Körbchengröße mussten wir mühsam virtuell von den Dimensionen der potentiellen Besitzerin auf unsere Verkäuferin übertragen.

Sargans
Chur
Bonaduz
Thusis
Sufers

IV. Teilstrecke von Sargans nach Sufers

Die Via Mala - an dieser Stelle war „unser" Wanderweg einfach weggeschwemmt. Wenn es irgendwie ging, war Vorwärtsgehen angesagt. Umdrehen und Zurückgehen war uns ein Greuel . . .

Pfingstsonntag, 10. Juni 2000

Von Sargans nach Vättis

Es ist wieder soweit, morgens um 8:30 Uhr habe ich meinen Rucksack fertig gepackt und hole mit meinem klapprigen Fiat Uno Karl Josef zu Hause ab. In Aulendorf stellen wir das Fahrzeug am Bahnhof ab, und in letzter Minute erreichen wir den Zug. Und schon fahren wir los in Richtung Friedrichshafen und Lindau. Nach der obligatorischen Passkontrolle geht's über St. Magarethen zum Ausgangspunkt Sarganz im Glarnerland.

Im Zug gibt es bereits interessante Gespräche. Wieder einmal sind die Leute verwundert über unsere zweizackigen Wanderstäbe. Eine ältere Frau kann es nicht fassen, dass wir bis Rom wandern. Auch nicht, als wir ihr erklären, dass wir das immer etappenweise tun.

In Sargans angekommen, halten wir uns Richtung Vilters. Von dort geht es auf halber Höhe an Ragaz vorbei nach Valenz in Richtung Stausee. Unterwegs machen wir Rast an einer kleinen steinernen Hirtenhütte. Dort entdecken wir Fallen, die in verschiedenen Maulwurfhaufen gestellt sind. In Erinnerung an meine eigene Zeit als Hirtenbub, wo wir auch den Feldhamstern nachgestellt haben, kann ich es nicht lassen, nachzusehen, ob „sich was gefangen hat". Und tatsächlich: eine schwarze Wühlmaus, ein sog. „Auwärter" ist drin. Allerdings steckt er (oder sie) verkehrt herum in der Falle. Aber so oder so, die Maus war mausetot! Tja, wir haben sie aus seinem Erdgrab genommen und eine anständige Beerdigung durchgeführt. Dazu bastelten wir ihr ein schönes Holzkreuz. Mit Blumen geschmückt, liegt sie dort neben ihrem Kreuz bis zum heutigen Tag. Andernfalls hat ihm möglicherweise der Hirtenjunge den Schwanz abgeschnitten, um denselben gegen bares Geld einzutauschen.

Der Tag ist sehr heiß und schwül und manchmal sieht es aus, als ob es ein Gewitter geben könnte. Gegen 20:00 Uhr erreichen wir Vättis und übernachten dort im Schatten des Calandamassivs im Hotel CALANDA. Hier werden wir freundlich empfangen, essen gut (Rösti mit Käse und Speck)und trinken ein Bier. Wir genießen die weichen aber kurzen Betten und brechen anderntags gegen 7:30 Uhr wieder auf.

Pfingstsonntag, 11. Juni 2000

Von Vättis/Calanda nach Bonaduz

Den Gorbsbach entlang geht's Richtung Kunkelpass. Wie gestern genießen wir die üppige Fauna und Flora. Um 9:00 Uhr bekommen wir im Bergrestaurant ein individuelles, selbstgemachtes, reichhaltiges und sehr gutes Frühstück, so mit Eier, Speck, Käse und Müsli. Es beginnt jetzt leicht zu nieseln. Bin gespannt, wie es mit dem Wetter weitergeht? Übrigens, die Wirtin ist nicht nur hübsch, sondern auch frohgelaunt und gesprächig.

Die Wolken lichten sich und wir gehen, nachdem wir den Pass überschritten haben, ins Tamintal, flussabwärts in Richtung Tamin. Den Ort finden wir nicht sehr einladend und marschieren deshalb gleich weiter in den Ort Reichenau. Dort sind wir etwas irritiert, als wir zwei Flüsse direkt aufeinander zufliesen sehen. Es stellt sich heraus, dass es sich um den Vorder-und Hinterrhein handelt, die sich, von zwei Richtungen kommend, hinter einem Felsmassiv vereinen. Wir gehen nun den Hinterrhein entlang, unter Straßenbrücken hindurch und machen, da es nach Regen aussieht, unter einer großen Linde eine ausgiebige Vesperpause. In einem etwas sonderbaren, alleinstehenden Haus nebenan erstehen wir eine Flasche Bier. Es beginnt jetzt tatsächlich zu regnen. Entsprechend gekleidet, geht es weiter in Richtung Bonaduz. Es liegt noch einiges an Überraschungen bereit. Nach zehn Minuten hört es auf zu regnen und in einem kleinen Park mitten im Städtchen entledigen wir uns der Regenkleidung und breiten unsere Karten zur Orientierung auf dem Rasen aus. Als wir wieder zusammenpacken, ruft uns ein älterer Herr aus einem Fenster im zweiten Stock auf der anderen Straßenseite etwas zu. Da wir uns über die Straße nicht richtig verständigen können, gibt er uns zu verstehen, dass er herunterkäme. Wo wir hinwollen und wo wir herkämen usw. fragt er uns. Wir verstehen uns von Anfang an prächtig und spüren, dass uns dieser ältere Herr einiges zu sagen hat. Zehn Minuten später sind wir mit ihm unterwegs zu seinem Grundstück, das am Ortsrand liegt und auf dem ein Wochenendhaus steht. Er kommt uns nach und wiederholt sein Angebot hier zu übernachten, was wir kurzum annehmen. Wir finden Kaffeepulver, und ich koche uns guten Kaffee. Wir sitzen unter einem Vordach an der Sonne. Es fehlt uns an nichts, und wir plaudern stunden-

Luciano Ferroni mit seiner Schwester und einer Nachbarin. Mit ihm hatten wir in den paar Stunden unseres Zusammenseins eine richtige Herzenzbeziehung. Einige Male besuchten wir ihn während der darauffolgenden Hin- und Rückfahrten.

Der Reisende wird entdecken, wie viele wahrhaft großherzige Menschen es gibt, mit denen er niemals zuvor zu tun hatte und auch später nie wieder zu tun haben wird und die ihm doch die alleruneingennützigste Hife anbieten.

Charles Darwin

lang mit diesem Mann. Er ist 89 (!) Jahre alt, nicht zwischen 75 und 80 wie von uns geschätzt. Er hat zwar eine einfache Schulausbildung, war aber während des zweiten Weltkrieges längere Zeit als Dolmetscher (italienisch-deutsch) in Rom. Zuletzt hatte er als Reiseleiter bei American Express gearbeitet. Er hat den Duce noch erlebt. Übrigens der Ortsname Bonaduz leitet sich aus „bon" und „Duce" ab, was soviel heißt wie „gute Führer". Die hat man hier in der Nähe der Via Mala früher sicher auch benötigt. Auch wenn er sich öfter wiederholt, so tut uns sein Nachhilfeunterricht in Geschichte, Religion, Sprachen und Philosophie gut.

Gegen 16:30 Uhr kommt sein Neffe per Fahrrad am Gartenhaus vorbei. Zunächst schaut er uns etwas skeptisch an: Wen hat denn sein Onkel hier wieder angeschleppt? Aber auch diese Skepsis weicht und er gesteht uns, dass er Zigaretten deponiert hat und immer wieder vorbeikommt, um heimlich (!) zu rauchen. Wir schätzen ihn auf etwa 40 Jahre. In diesem sauberen und konfessionsorientierten Land scheint doch einiges hintenrum zu laufen. Unser alter Herr räumt ein, mit einer „Evangelischen" befreundet zu sein. Das dürfte niemand wissen, nur seine Schwester, mit der er zusammenlebt.

Gegen 17:00 Uhr verabschiedet er sich mehrmals und wir vereinbaren, gegen 20:30 Uhr bei ihm zuhause vorbeizuschauen, was wir auch prompt tun. Wir bekommen Wein serviert und unterhalten uns über die Eigenarten der Deutschen, Schweizer und Italiener. Über die EG, den Zoll, Martin Luther und die Reformation und das Hitlerregime. Wir stellen fest, dass es Verbindungen nach Biberach zu einer Familie Kaduff gibt. Gegen 22:00 Uhr verabschieden wir uns herzlich. Bis zum Schlafengehen spielen wir noch Karten bei Petroleumlicht und einer Flasche italienischen Rotwein, die wir im Gartenhaus finden. Am anderen Morgen hinterlassen wir zehn Franken, schließen unser Domizil ab und sind bereits um 7:15 Uhr wieder unterwegs in Richtung Thusis.

isola d'
ISOLA D'
Portoferra
E/91 - Ed.

Dokumente einer kurzen aber herzlichen Freundschaft: Post von unserem Gastgeber Luciano Ferroni

Pfingstmontag, 12. Juni 2000

Von Bonaduz nach Zillis

Heute wollen wir, nachdem wir gestern etwas früher als geplant ein Quartier „fanden", mehr Kilometer hinter uns bringen. Bis nach Thusis sind es knapp 20 km. Kurz vor 12:00 Uhr sind wir in Thusis. Zum Mittagessen gibts Kaffee und eine Linzertorte. Wir beschließen, aus dem Ort/ der Stadt rauszugehen, um die Beine für eine halbe Stunde auszustrecken. Wir ziehen uns (fast nacket) aus und genießen. Mittlerweile ist dieses „sich für ein Weilchen hinlegen" schon zur Kulthandlung geworden. Dieses „zwischendurch die Sonne auf dem Körper zu spüren" ist nicht nur für den Körper erholsam, sondern auch entspannend für Geist und Seele. Oft bin ich dabei sehr weit weg und fühle mich danach wie neu geboren. Gerade an diesem Tag wird dieses Gefühl dadurch noch verstärkt, weil nach einem trüben Vormittag erst kurz vor dem „Schlafen gehen" die Sonne zum Vorschein kommt. Wir sind in guter Stimmung, fühlen uns wieder kräftig und machen allerlei Sprüche und Neckereien. Nach kurzem Hin und Her beschließen wir die Via Mala zu „packen". Es ist gigantisch, was die Natur in Jahrmillionen hier geschaffen und sichtbar gemacht hat. Aber irgendwann und irgendwie hat der Mensch (laut unserem gestrigen Gastgeber – er hieß übrigens Luciano Ferroni) auch diese Schlucht bezwungen.

Am Ausgang der Schlucht, Richtung Zillis tun wir es: An einer geeigneten Stelle ziehen wir uns ganz aus und baden im Rhein. Nicht nur das, wir waschen uns auch gleich richtig im fließenden Wasser. Als wir nach einer Stunde am fließenden Rhein weitergehen, fühlen wir uns wie neu geboren. Nur die Blasen an Karl Josef's Füßen melden sich bereits nach geraumer Zeit. Nach einem neunstündigen Marsch (netto) erreichen wir um 18:00 Uhr Zillis. Am Ortseingang rechts quartieren wir uns in der ersten Pension ein. Dort ruhen wir uns aus, essen etwas, um gegen 20:00 Uhr noch im Gasthaus „Alte Post" einzukehren. Die Wirtin ist anfänglich etwas kurz angebunden, aber mit unserer ehrlichen und offenen Art (na ja) kriegen wir auch sie weich und gesprächig. Zu später Stunde unterhalten wir uns mit ihr immer noch angeregt über die rätoromanische Sprache, über

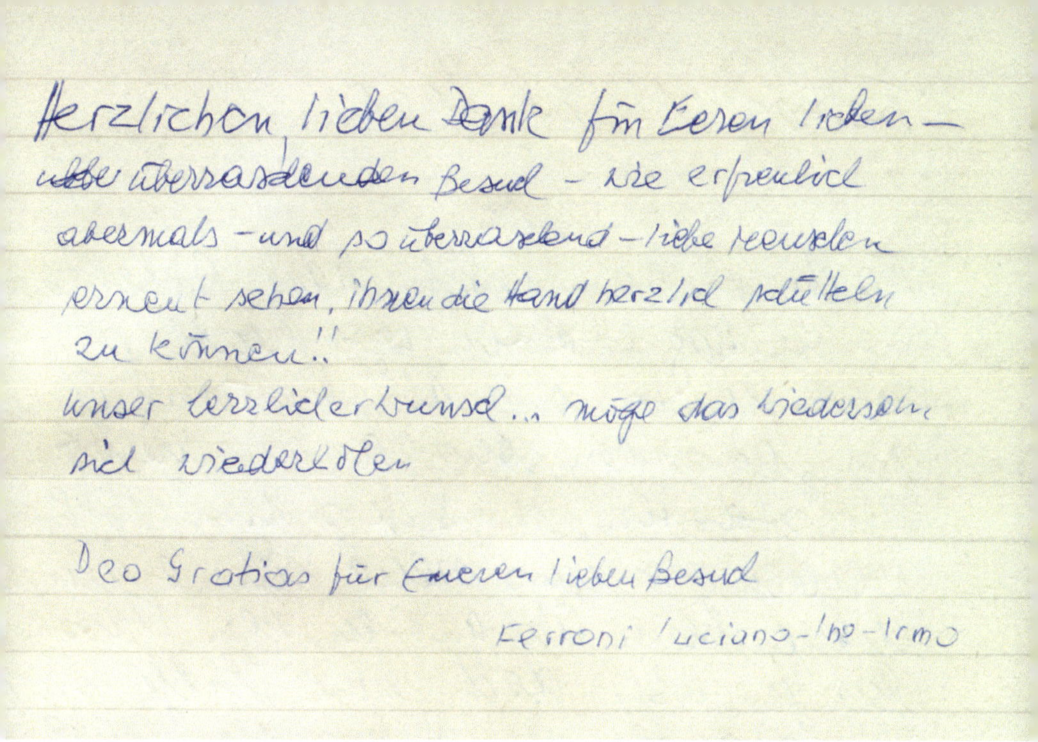
Herzlichen, lieben Dank für Euren lieben –
überraschenden Besuch – wie erfreulich
abermals – und so überraschend – liebe Freunde
erneut sehen, ihnen die Hand herzlich schütteln
zu können!!
Unser herzlicher Wunsch... möge das Wiedersehen
sich wiederholen

Deo Gratias für Eueren lieben Besuch
Ferroni Luciano-Ino-Irmo

die Walser, welche eigentlich aus der Lombardei stammen, über Fremdenverkehrsprojekte (von ihr erfahren wir, dass der Via Splüga wiederentdeckt und gerade eben wieder freigelegt wurde). Gegen 23:00 Uhr sind wir plötzlich so müde, dass wir regelrecht ins Bett fallen.

Dienstag, 13. Juni 2000

Von Zillis nach Sufers

Heute lassen wir's ruhiger angehen. Wir besichtigen das Dorf mit seiner berühmten Kirchendecke, trinken einen Kaffee. Je länger wir gehen, desto größer wird der Bogen, den wir ausholen. Auf 2000 m angekommen, beschließen wir, doch bis Sufers am Sufer-Stausee zu gehen. Dort oben erleben wir eine karge, aber wildschöne Berglandschaft. Beim Abstieg nach Sufers machen wir noch einmal Brotzeit. Zum Abschluss trinken wir eine Flasche italienischer Rotwein, den wir am Morgen beim Provianteinkaufen teuer erstanden haben. Überhaupt sind wir froh, bald die italienische Grenze zu erreichen. Hier in der Schweiz haben wir kübelweise Wasser getrunken. Mit keiner schnellen, jedoch einer guten Verbindung geht es um 17:59 Uhr ab Sufers zunächst per Bahnbus, dann per Zug nach Aulendorf zurück, welches wir von jetzt 21:00 Uhr in zwei Stunden, also gegen 23:00 Uhr erreichen müssten.

Sufers
Hinterrhein
Avers
Campodolcino
Chiavenna
Lostallo
Bellinzona
Mezzola
Ardeno
Colico

V. Teilstrecke von Sufers nach Colico

Oberhalb des Splügensees.
Zu diesem Zeitpunkt wussten wir noch nicht, dass wir uns im Nebel und Regen verlaufen bzw. einen riesigen Umweg von vier Stunden vor uns haben.

Bild oben: Alte Ansichtskarte von Chiavenna um 1900
Bild unten: Kurz vor der Passhöhe-Valspluga im Schnee: Gerade rechtzeitig für uns wurde der „Via Spluga" – ein historischer Saumpfad von der Schweiz nach Italien – neu entdeckt und im Jahre 2001 eröffnet

Freitag, 13. Juli 2001

Von Sufers nach Berghaus Splügenpass

Nach einem hektischen Arbeitsvormittag starten wir heute um 13:00 Uhr Richtung Chur zu unserem Ausgangspunkt „Sufers" am Sufer Stausee. Leider sind unsere unter einer Scheune verstauten Wanderstäbe verschwunden. Sobald wir geeignete Bäumchen finden, werden wir uns neue schneiden, da diese beim Überqueren von Wasserläufen, im Schnee eine Hilfe sind, oder beim Gehen einfach für Rhythmus und Abwechslung sorgen. Wir starten in Sufers um 16:30 Uhr und erreichen den Splügenpass gegen 20:00 Uhr. Dort oben stellen wir fest, dass unser Quartier gut einen Kilometer bergab an der Autostraße liegt. Von unserem Wanderweg, dem gerade in diesem Jahr wieder neu freigelegten alten Saumpfad „Via Spluga", können wir das Gasthaus nicht sehen, obwohl wir ganz in der Nähe vorbeigehen. Also dann zurück und morgen nochmals „dat selbe".

Im Berghaus „Splügenpass" sitzen wir dann gemütlich mit einem Almbauer, seinen Kindern, einer Frau, einem Zöllner und dem Wirt zusammen. Die Unterhaltung und die Geschichten drehen sich hauptsächlich um die Besonderheiten der Schweizer. In der Schweiz ist alles geordnet und aufgeräumt. Die ländlichen Strukturen sind noch oft von viel Handarbeit geprägt. Es gibt einsame Zollstationen oder Almen die monatelang von nur einer Person betreut werden. Um 7:30 Uhr geht es bei starker Bewölkung wieder weiter.

Zwei, drei Jahre später mussten wir feststellen, dass das Berghaus geschlossen und der Zöllner auch verschwunden ist. War wohl ein Relikt aus alten Zeiten?

… und im Jahre 2007 war dann doch wieder ein neuer Pächter drauf.

Samstag, 14. Juli 2001

Vom Berghaus Splügenpass nach Campodolcino

Zuerst müssen wir hoch zur Passhöhe auf 2.115 m. Dort werden wir zur Abwechslung mal wieder richtig klassisch kontrolliert. Grund ist das G-8 Treffen der Regierungschefs in Genua. Wir haben den Eindruck, dass dieses unnütze Geschäft von lauter desillusionierten strafversetzten Süditalienern betrieben wird. Nach zwei Stunden Gehzeit erreichen wir den kleinen Ort „Monte Spluga", wo wir in einem Cafe frühstücken.

Der Himmel ist bewölkt, es hält aber bis zum Nachmittag, dann müssen wir öfter die Regenbekleidung überziehen. Die Schuhe und somit die Füße sind konstant nass. Solange wir in Bewegung sind, ist das allerdings kein größeres Problem. Der Weg am Splügensee entlang ist wunderschön. Da gibts entlang der Wege ganze Halden von Alpenrosen und Steingärten. Am Ende des Stausees schlagen wir, wie sich später herausstellt, den falschen Weg ein. So müssen wir nach ein bis zwei Stunden Umweg auch noch eine knappe Stunde lang querfeldein absteigen. Gegen 16.00 Uhr erreichen wir „Campodolino". Ein angenehmes Dorf, wo wir für 35.000 Lira ein nettes Zimmer in einer Privatpension bekommen. Abends gehen wir zu einem Fest im örtlichen Kindergarten. Es gibt Musik, Mamas und Papas, Kinder, Polenta, Wein und Tombola. Wir lassen es uns gutgehen und führen angeregte Unterhaltungen. Auch wenn wir mit den vier Elementen, nämlich deutsch, englisch, italienisch sowie Händen und Füßen reden müssen. Hier, das ist uns später oft noch so ergangen, haben wir den Eindruck, dass wir nicht als Touristen gesehen werde, sondern als Reisende, denen man gerne Hilfsbereitschaft und Vertrauen entgegen bringt.

Weil uns dieser Streckenabschnitt besonders gut gefallen hat, gingen wir ca. zwei Jahre später genau diese Teilstrecke mit unseren Familien. Auch hier mussten wir feststellen, dass die Zeit nicht stehen bleibt. Das Hotel Helvetia in Chiavenna war restlos abgerissen und an der Stelle befand sich eine Baustelle. Unter uns gesagt: Es war nicht schade drum.

Sonntag, 15. Juli 2001

Von Campodolcino nach Chiavenna

Es hatte die ganze Nacht starke Gewitter und Regenfälle, so dass wir gleich von Beginn an die Regenbekleidung anlegen. Es regnet dann allerdings den ganzen Tag nicht mehr. Wir haben wieder eine herrliche Strecke vor uns mit paradiesischen Bildern an den Hängen des Flusses „Liro" entlang. An diesem alten Saumpfad gibt es viel Historisches inklusive einer Stätte mit einer ehemaligen Marienerscheinung. Nach einem Zwischenstop an einer Vereinsgaststätte und einer Unterhaltung mit einem Opa und zwei ca. 25-jährigen englischen Fräuleins verbringen wir ab 14.00 Uhr den Nachmittag in „Chiavenna". Hier gibt es viel zu sehen, allerdings ziehen wir es vor, unseren Beinen unter einem Tisch in einem Straßencafe Erholung zu gönnen. Abends haben wir eine sehr gute Unterhaltung mit vier Holländern, welche ebenfalls auf dem Weg nach Rom sind, allerdings per Fahrrad.

Bild links:
Malerisches Chiavenna

Bild rechts:
„In den Gärten", überhalb Chiavenna.
Ab hier hat uns der Flair der italienischen Landschaften, Städte, Kultur und Atmosphäre nicht mehr losgelassen.

Montag, 16. Juli 2001

Von Chiavenna nach Colico

Diese Nacht sind die Gewitter noch stärker. Aber wenn wir auch öfters aufwachen, wegen der Müdigkeit schlafen wir immer wieder schnell ein. Um 7.15 Uhr sind wir marschbereit. Zufällig treffen wir nochmals auf unsere vier Holländer, welche wohl unserem Vorbild gefolgt sind, vor dem Frühstück bereits eine Strecke zurückzulegen. Mit dem Ausspruch „Wir seien keine Pilger sondern Engel" bedanken sie sich nochmals herzlich für den guten Rat bezüglich des preiswerten Hotels.

Nach anfänglichen Richtungsproblemen und kleineren Umwegen kommen wir auf dem Weg in Richtung Comer See gut voran. Zum zweiten Mal müssen wir der Versuchung widerstehen, von einer Frau ein Stück mitgenommen zu werden. Eine sportliche, blonde, ca. 38jährige Joggerin möchte uns nach ihrem Dauerlauf an den Comer See mitnehmen. Sie joggt eine 2,8 km lange Strecke zwischen St. Piedro und Era viermal, so dass sie uns noch dreimal begegnet!? Wir kommen noch weiter als wir zunächst planen und erreichen gegen 17.00 Uhr Colico am nordöstlichen Ufer des „Lago di Como". Zu unserer Überraschung unterhält Colico eine Partnerschaft mit Wolfegg, einem Ort ganz in der Nähe unseres Zuhauses. Unterwegs hatten wir am Straßenrand noch ein „Gespräch" mit einer Frau namens Maria Angelika, ihrer Tochter Gisela und einem Jungen mit Hund. Es war sehr nett und herzlich und nach dem Vorzeigen unseres Empfehlungsschreibens brachte sie jedem von uns ein Glas vino rosso. Die Frau lebte in sehr ärmlichen Verhältnissen. Auch später sollten wir noch öfter die Erfahrung machen, dass arme Leute großzügiger sind als reiche.

Dienstag, 17. Juli 2001

Von Colico nach Hause

Nach dem langen Marsch von über 35 km beschließen wir, uns noch etwas in Colico aufzuhalten, um anschließend per Autobus zurück nach Chiavenna zu fahren. Vorher gehen wir am Rathaus vorbei, um dem Bürgermeister Guten Tag zu sagen. Da er erst später in sein Büro kommt, unterhalten wir uns mit einer Mitarbeiterin und lassen ihm viele Grüße aus Oberschwaben und Wolfegg ausrichten. In Chiavenna versorgen wir uns mit Essbarem und begeben uns zum Paradiesgarten oberhalb des Schlosses – wunderschön. Nach gemütlichem Shopping und „den Leuten zuschauen" geht's per Bus zwei Stunden lang über den Splügenpass zurück nach Splügen und Sufers, wo unser Auto steht. In Bonaduz besuchen wir noch unseren Herbergsvater vom letzten Jahr. Seine Schwester und er freuen sich sehr über unseren Besuch.

MOTEL AURORA
di COLLI MARIO & C. snc
Via Nazionale Nord, 4 22050 COLICO -LC-
Tel e Fax 0341 - 940323
Partita I.V.A. 01250900139

COMUNE DI COLICO
Provincia di Lecco

Molte grazie per la vostra visita in Italia e tanti auguri per il vostro viaggio.
Colico, 17/7/2001 H. 9.00

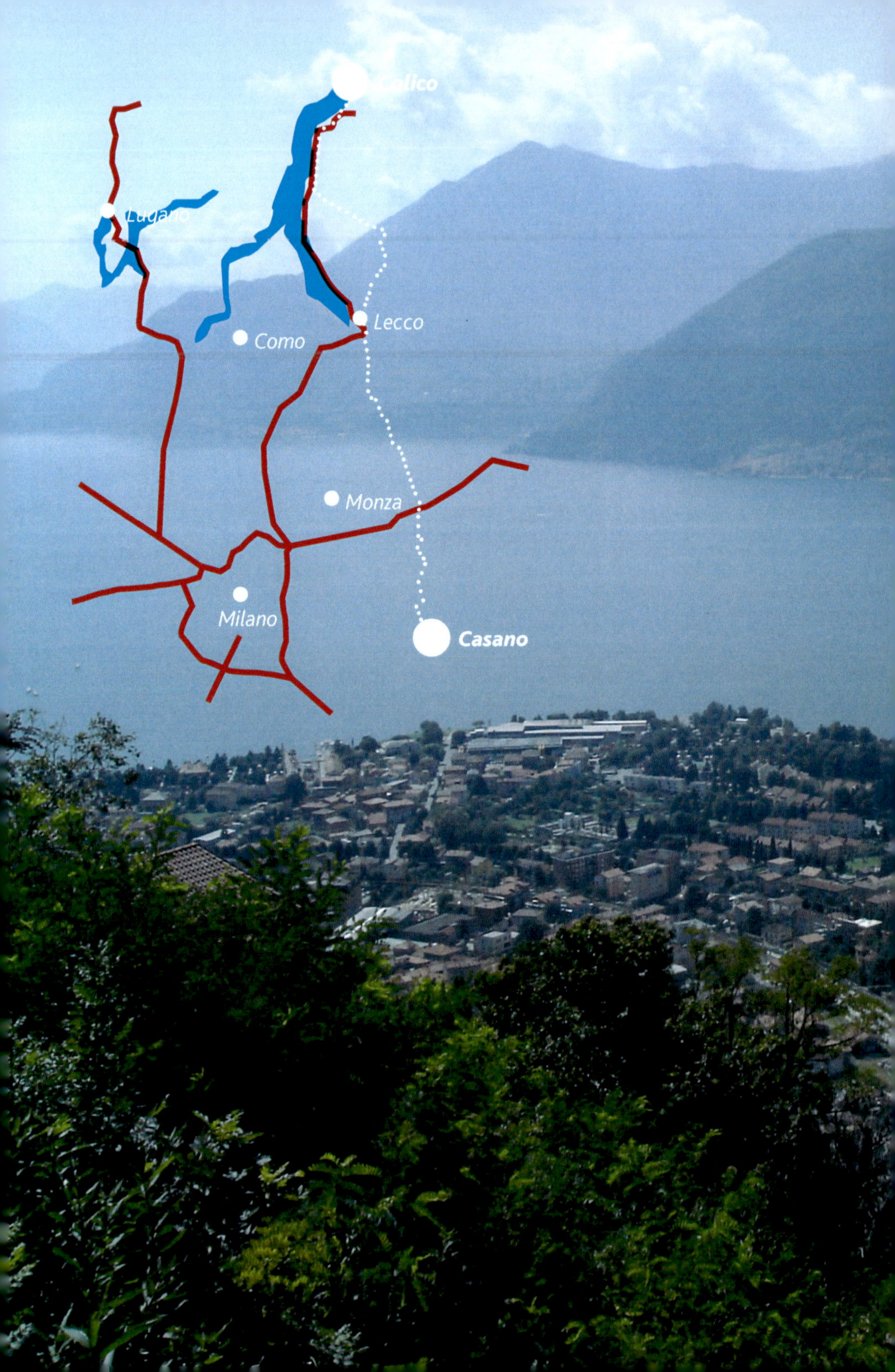
Colico
Lugano
Lecco
Como
Monza
Milano
Casano

VI. Teilstrecke von Colico nach Casano (Nähe Lodi)

Comer See.
Bilderbuchlandschaften...
Bilderbuchwetter...
Bilderbuchstimmung...

Mittwoch, 08. Mai 2002

Von Colico nach Bellano

Die letzte Zeit war sehr arbeitsreich, doch endlich ist es wieder soweit. Um 9:30 Uhr fahren wir mit unserem Fiat Multipla los. Diesmal hat sich mein Freund Franz Mattes noch hinzugesellt. Wir nehmen die mittlerweile schon gewohnte Strecke durch die Schweiz über die Via Mala Richtung San Bernadino.

Da wir unsere Wanderstäbe in Chiavenna beim Hotel Helvetia in Chiavenna deponiert haben, fahren wir über den Splügenpass. Dieser Pass ist noch eine echte naturbelassene alte Verbindung über die Alpen. Nicht vergleichbar mit den gut ausgebauten „Autostrade" über die Alpen. Es macht sehr viel Spaß, diese Strecke zu fahren, wo wir quasi jeden Meter kennen und, das merken wir jetzt sehr deutlich, viele kleine Geschichten dem Franz erzählen können. Um 14:30 Uhr marschieren wir am Ortsende von Colico los in Richtung Süden. Teilweise gehen wir auf der alten Landstraße am Comer See entlang. Noch schöner ist es, wenn`s etwas bergaufwärts auf alten Wanderwegen weiter geht. Die Sicht auf den See ist herrlich. Leider beginnt es bald zu regen. Gott sei Dank nur leicht, so dass wir die ganze Zeit nicht richtig nass werden. Gegen 19:30 Uhr erreichen wir Bellano. Im ersten Hotel erscheint uns der Preis zu hoch. Nachdem die Wirtin nicht mit sich handeln lässt, ziehen wir konsequenterweise weiter. Es sieht nicht gut aus. Die nächste Albergo ist wegen Ruhetag geschlossen, und es regnet jetzt stärker. Wir geben uns noch nicht geschlagen und gehen ums Haus herum. Dort wird uns geöffnet, und wir lernen eine ca. 55-jährige, noch recht attraktive, Besitzerin kennen. Sie spricht deutsch und es stellt sich heraus, dass sie eine gebürtige Südtirolerin ist und sich über den deutschsprachigen Besuch freut. Trotz des Ruhetages bereitet sie uns noch eine warme Mahlzeit zu. Es gibt Lasagne und Salat und nach dem Genuss des roten Hausweines und einer Runde Karten spielen geht's dann bald ab ins Dreibettzimmer.

Eine kleine Anekdote möchte ich noch anfügen: Irgendwann im Laufe des Abends überreichte die Wirtin mir einen Brief, welcher an eine Adresse in Rom gerichtet war. Sie erklärte mir, dass sie dort einen Freund hätte, dem wir bitte diesen Brief überreichen möchten. Wir könnten dort sicher auch übernachten wenn wir in Rom ankommen. Wir erklärten ihr daraufhin nochmals, dass wir in Etappen nach Rom gehen und dass es noch Jahre dauern würde, bis wir dort ankommen. Daraufhin wollte sie den Brief wieder zurückziehen, aber nach einigem Hin und Her nahmen wir den Brief dann doch mit – auf die Gefahr hin, dass er keinen allzuweiten, aber einen langen Weg vor sich hatte. Er kam zwei Jahre später in der Via San Leonardo in Rom an. Ich gab ihn meinem 18-jährigen Sohn Roman mit auf eine Klassenfahrt nach Rom. Er erzählte mir, dass die oben genannte Strasse sehr, sehr viele Häuser hätte und er über eine Stunde zu Fuß dorthin unterwegs gewesen sei. Dort angekommen habe er eine Villa vorgefunden, in der gerade ein Empfang im Gange war. Er wurde freundlich empfangen. Beim Abgeben des Briefes wurde ihm versichert, dass wir Pilger herzlich willkommen seien, falls wir irgendwann Rom erreichen. Heute, am 2.Oktober 2005 bin ich gespannt, was daraus wird, wenn wir in ca. drei Jahren dort ankommen.

Bis zu unserer Ankunft im Oktober 2008, war ich noch nie in Rom. Vorstellungen hatte ich nur von Bildern. In den gut zehn „Wanderjahren" war es unausgesprochen tabu per Flieger oder sonstwie nach Rom zu reisen. Ich wollte mir, glaube ich, Rom einfach zu Fuß vorbehalten. Diese wohlklingenden Namen wie Kolosseum, spanische Treppe, Piazza del Popolo oder das Pantheon wollte ich gerne noch einige Zeit als mystische Orte in meiner Vorstellung bewahren.

Donnerstag, 09. Mai 2002 Vatertag

Von Bellano nach Lecco

Um es gleich vorwegzunehmen. Das war, neben der Route durch die Via Mala, bis jetzt die härteste Strecke auf unserer Wanderschaft nach Rom. Nicht unbedingt wegen der zurückgelegten Strecke, sondern – siehe unten.

Wir haben beschlossen, auf das Frühstück zu verzichten und starten um 07:15 Uhr. Unser Ziel für heute ist Lecco am südlichen Ende des Comer Sees. Das Wetter ist unverändert. Zunächst regnet es noch nicht. Nach zwei bis drei Stunden fängt es aber doch wieder leicht an zu nieseln. Was die Wanderwege betrifft, so gibt es zwei Möglichkeiten. Entweder auf der alten Landstraße am See entlang durch die Dörfer und Städte, oder linkerhand bergwärts kreuz und quer, rauf und runter. Wir wechseln diesbezüglich ab. Das bedeutet, dass aus den 27 km auf der Uferstraße fast 40 km werden. Gegen 11:00 Uhr finden wir uns in einem Cafe ein. Wegen des stärker werdenden Regens bleiben wir bis 13:00 Uhr. Der Regen lässt zwar zwischendurch nach, wird aber tendenziell immer stärker. Meine Regenausrüstung erfüllt ihren Zweck recht gut. Dennoch bin ich von unten herauf, bis über die Knie dann aber doch bald klatschnass. Wir befinden uns gerade auf einem Höhenweg, ca. zehn Kilometer von Lecco entfernt, als wir mit einer älteren Frau (mit einem 3-jährigen Kind – Nicole, wie sich später herausstellt) ins Gespräch kommen. Es gießt jetzt in Strömen. Wir stehen vor ihrem gepflegten Gartengrundstück mit einem kleinen Häuschen drauf. Nach einigen Minuten bittet sie uns, hereinzukommen, was wir anlässlich unseres nassen Zustandes gerne annehmen. Ihr Mann kommt hinzu. Er macht sogleich ein Feuer im offenen Kamin, so können wir unsere Klamotten einigermaßen trocknen und die Oma brüht uns einen Espresso auf.

Wir tauschen uns aus, und es stellt sich heraus, dass der Mann viele Jahre in der Schweiz gearbeitet hat. Das hier ist ihr Wochenenddomizil, fünf Gehminuten von ihrer Wohnung entfernt, mit Gemüsegarten, Hühnern, usw. Das Mädchen ist ihre Enkeltochter. Er gibt uns noch eine Ad-

Beim Kleidertrockenen im Wochenendhaus mit Opa, Oma, Enkeltochter, Hund und Kücken

resse für eine Übernachtungsmöglichkeit mit. Später allerdings stellt sich heraus, dass es sich um ein Kinderheim handelt und wir dort nicht übernachten können. So suchen wir gut und gerne eineinhalb Stunden nach einer Übernachtungsmöglichkeit, was weitere fünf bis sechs Kilometer Fußmarsch bedeutet.

Die letzten sieben bis acht Kilometer nach Lecco sind das härteste, was ich als Fernwanderer jemals erlebt habe. Wir gelangen (eine Alternative gibt es nicht) auf eine vierspurige autobahnähnliche Schnellstraße. Es regnet in Strömen. Je nachdem, ob wir uns in einem Tunnel oder auf freier Strecke befinden, stehen uns zwischen 25 und 60 cm Randstreifen zum Gehen zur Verfügung. Diese Randstreifen sind meist tiefer liegend, so dass wir quasi in einem fließenden Bachbett gehen. Da erscheint uns die Autobahnausfahrt nach sieben Kilometern als ein gemütlicher Feldweg. Es ist wirklich die Hölle. Das Hotel ist letztlich sehr komfortabel, und wir geniessen es in vollen Zügen.

Bei der folgenden Etappe übernachteten wir öfter auf Bauernhöfen im Stroh. Die Morgentoilette vollzogen wir dann gerne in freier Natur. Hier im Flußbett der Adda.

Freitag, 10. Mai 2002

Von Lecco nach Merate

Heute lassen wir uns Zeit, auch deshalb, weil wir das Hotel inklusiv Frühstück gebucht haben. Um 10:15 Uhr machen wir uns auf den Weg, immer am Auslauf des Lago Lecco, dem Fluss Adda entlang. Die ersten 7-8 km gehen wir mehr oder weniger die Straße entlang, bis wir auf einen Italiener treffen (er ist mit einer Französin verheiratet) der uns darauf hinweist, dass es von hier ab unten am Fluss einen Wanderweg gibt. Diesen Rat befolgen wir gerne und finden uns in sehr schönen und abwechslungsreichen Flussauen wieder.

Unterwegs werden wir immer wieder erstaunt angeguckt, wenn wir erklären, dass wir *a piedi* nach Rom unterwegs sind. Unser Ziel heute ist Paderno. Wir treffen unter anderem vier einheimische Wanderer, die auf dem Boden ein kleines Feuer entfacht haben und versuchen, darauf Kaffee zu kochen. Sie erklären uns, dass wir da und da nicht mehr weiterkönnen, weil der Wanderweg durch einen Erdrutsch verschüttet sei. Zweimal kommen wir an Anlegestellen vorbei (bei Brivio und Imbersago), an denen eine Fähre, geführt an einem Seil, durch die Strömung vom einem zum anderen Ufer getrieben wird. Nach dem üblichen Durchfragen und einem weiteren Fußmarsch ins Nachbarstädtchen, landen wir in Merate im Hotel „Melas". Wir gehen Pizza essen (sehr, sehr gut), und gegen 22:00 Uhr sind wir hundemüde in unserem Schlafgemach.

Samstag, 11. Mai 2002

Von Merate nach Trezzo

Jetzt sind wir den vierten Tag unterwegs. Entgegen unseren Planungen haben wir noch keinen Ruhetag eingelegt. Ich spüre meine Beine mittlerweile ganz deutlich. Karl Josef und Franz geht es ebenso. Öfter als sonst legen wir heute Pausen ein. Zwischendurch scheint wieder die Sonne und wir können uns mit lang ausgestreckten Beinen ins Gras legen. Von Merate geht's über Paderno zurück zum Fluss Adda.

Hier gelangen wir an eine riesige Stahlbrücke, welche das Tal des Adda überspannt. Die Konstruktion soll nach Plänen von Leonardo da Vinci geschaffen worden sein. Als Ziel für heute haben wir uns Trezzo vorgenommen, das wir gegen 15:00 Uhr erreichen. Hier gibt es schöne Cafés, die einladen. Die Suche nach einem Hotel scheint sich heute einfacher zu gestalten. Der Cafébesitzer empfiehlt uns nicht das Hotel am Platz, sondern ein anderes, jenseits des Flusses. Nach einer guten halben Stunde sind wir dort angelangt und erfahren, dass alle Betten belegt sind. Ich habe allerdings eher den Eindruck, dass manche Hoteliers mit solchen dahergelaufenen Tageswanderern um ihren guten Ruf fürchten. Aber kein Problem, ein Kilometer entfernt (in der Regel sind das dann zwei bis drei) befindet sich ein Motel, welches auch preisgünstiger ist. Freundlicherweise ruft er dort noch an und lässt sich bestätigen, dass Zimmer frei sind. Kurz und

Die Brücke über den Adda, welche angeblich nach Vorlagen von Leonardo da Vinci konstruiert wurde.

gut: Von diesem empfohlenen Motel lassen wir uns per Taxi in ein drittes fahren, welches statt 78 € nur 44 € kostet. Es gibt *Supermercado-Essen* mit Rotwein.

Sonntag, 12. Mai 2002

Von Trezzo nach Hause

Heute ist Rückreisetag. Wir frühstücken im Hotel – ein eher einfaches Frühstück mit warmem Kaffee. Gut erholt und bei schönem Wetter nehmen wir uns die letzte Etappe vor. Von Trezzo aus wandern wir durch Industriegebiete nach Vaprio. Ziel ist Casano. Allerdings müssen wir feststellen, dass Casano zwar schön am Fluss Adda liegt, aber nicht an einer Bahnlinie. Deshalb orientieren wir uns von Vaprio in halböstlicher Richtung nach Treviglio, was dann doch eine Tagesleistung von ca. 15 km ausmacht.

Über Bergamo und Lecco geht's dann Richtung Colico, wo unser Auto (gottseidank noch immer) steht. Die verpassten Züge und die Irrfahrt ins Vale Sondrio behalten wir besser unaufgeschrieben in Erinnerung. Die Autofahrt zurück verläuft sehr gut, so dass wir gegen 23:00 Uhr wohlbehalten zuhause landen und von unseren Frauen herzlich empfangen werden.

Monza
Casano
Milano
Crema
Pavia
Piacenza
Stradella
Tortona
Bobbio

VII. Teilstrecke von Treviglo nach Bobbio

Manchmal halfen uns unkonventionelle Abkürzungen
Zeit und Energie zu sparen…

Dem Flussbett des Adda entstiegen, kommen wir an einer einfachen Behausung vorbei. Die Besitzerin, eine alte Frau, bereitet uns den besten Espresso aller Zeiten zu.

Mittwoch, 01. Oktober 2003

Von Treviglo nach Camazzo

Mitten aus dem Arbeitsleben heraus starten wir zu unserer siebten Etappe *a piedi a Roma*. Im Freundes- und Kollegenkreis hat sich herumgesprochen, dass wir uns einmal im Jahr auf den Weg nach Süden machen. Für mich und uns ist das jedesmal Aussteigen, Abenteuer, Einfachheit, Entspannung und Abwechslung zugleich. Um 8:00 Uhr morgens starten wir mit Gelis (der Lebensgefährtin von Karl Josef) rotem 50-Euro-Opel-Kadett über den San Bernadino nach Mailand. Das Auto stellen wir am Bahnhof in Treviglio ab. Die Fahrt dauert länger als geplant, und wir sind erst gegen 14:45 Uhr startklar. Unseren Fluss, den Adda, haben wir nach einigen Minuten entdeckt und nachdem das eine oder andere Packstück zurechtgerückt, ein Schuh nachgezurrt und der Rucksack in eine bequeme Lage gerückt ist, finden wir uns bald in unserem gewohnten Marschtempo wieder.

Bald müssen wir erkennen, dass wir uns nicht nur auf unser Orientierungsgefühl verlassen dürfen. Wir folgen dem Adda, der in einem Naturschutzgebiet einen großen Bogen beschreibt. Nach rund einer Stunde müssen wir feststellen, dass wir nur ein bis zwei Kilometer Strecke gewonnen haben und mitten auf einem riesigen, abgeernteten Tomatenfeld stehen. Da hilft nur eines: Augen zu und durch. D.h. Schuhe runter, Hose rauf und barfuß durch den Fluss. So erreichen wir dann bald wieder zivilisierte Landstriche. Weiter geht's über Bertario nach Comazzo. Wegen der einbrechenden Dunkelheit schlage ich vor, am nächsten Bauernhof nach Quartier zu fragen. Die Dörfer hier sind klein, und alle scheinen um einen Gutshof herum entstanden zu sein.

Wir sprechen den Bauern an, der gerade über den Hof geht. Er ist wohl etwa in unserem Alter. Wir fragen ihn, ob wir hier irgendwie übernachten können. Nach ersten Verständigungsschwierigkeiten bietet er uns an, im Haus bei seiner Familie (Opa, Frau und vier Kinder) zu übernachten, was wir gerne annehmen. Abgesehen von dem, auf Bauernhöfen üblichen, Reinlichkeitsverständnis, stellt sich das Quartier als Glücksfall heraus.

Wir werden sehr herzlich aufgenommen und können im Erdgeschoss in einem Zimmer mit drei Betten übernachten. Die drei Buben sind sechs, neun und vierzehn Jahre alt. Die Englischkenntnisse der siebzehnjährigen Schwester tragen einiges zur Verständigung bei. Sie zeigt uns auch den Weg zur angeblich einzigen Bar im Dorf. Allerdings entdecken wir auf dem Heimweg noch eine weitere Einkehrmöglichkeit. Der Wirt dort merkt bald, dass drei Deutsche im Haus sind. Nach kurzer Unterhaltung, letztlich auch über den Rotwein, nimmt er uns diesen weg mit der Begründung, wir sollen lieber einen guten Wein trinken. So entwickelt sich eine herzliche Unterhaltung, bei der sich unter anderem herausstellt, dass er 33 Jahre alt ist, größtenteils in Deutschland aufgewachsen ist und seit 16 Jahren wieder in Italien lebt. Er ist verheiratet und hat zwei Kinder. Seine Sehnsucht nach der alten Heimat verschweigt er nicht und ist voll des Lobes über Deutschland. Er schwärmt von seiner guten Küche, insbesondere von seinen Wildgerichten, und dem wunderbar zubereitetem Eselfleisch. Er hält was auf Berlusconi und auf die Ordnung im Lande. Erst vor kurzem hätten sie einen im Dorf, er macht eine eindeutige Bewegung, aufgehängt. Auf unsere erstaunte Frage, ob denn das wirklich stimme, meint er, ja, ja, selbstverständlich, aber eben an den Füßen, mit dem Kopf nach unten. Grund dafür war, dass dieser Mann versucht hatte, Jugendlichen Rauschgift zu verkaufen. Später lädt er uns zu einem Eselfleischessen ein, wenn wir wieder auf der Rückfahrt seien. Wir erklären ihm, dass auch er jederzeit herzlich bei uns zuhause in Deutschland willkommen ist.

In unserem Quartier auf dem Bauernhof schlafen wir sehr gut, duschen uns und werden dann zu einem kleinen Frühstück nach oben eingeladen. Nach einem „Familienfoto" und herzlicher Verabschiedung verlassen wir Comazzo kurz nach 8.00 Uhr Richtung Zelo.

linke Seite, oben:
Gäste und Gastgeberin

linke Seite, unten:
Das Nachtlager ist vorbereitet, auf geht's zum Abendessen

rechte Seite, oben:
Vor der Überquerung des Flusses Po bei Corta San Andrea

rechte Seite, unten:
Hochwassermarken am Po

Donnerstag, 02. Oktober 2003

Von Camazzo nach Ossago

Heute schlagen wir uns über Landstraßen, Fußwege, Äcker, Städte und Dörfer weiter nach Süden durch. Bekanntermaßen kümmert sich hier niemand um durchgehende oder verbundene Wanderrouten. Aber durch unsere unerschrockene Art lassen wir uns kaum abschrecken von Wassergräben, Flüssen oder Schnellstraßen, und so kommen wir heute gut voran mit rund 37 km alles in allem. Wir befinden uns jetzt auf der Höhe von Mailand in östlicher Richtung. gehen vorbei an Pompeiana und Galganano nach Lodi. Auf einem zentralen Platz vor einem Cafe genießen wir die Sonne und einen Kaffee. Gegen Abend landen wir in Ossago. „Der Pfarrer ist abgewandert und sonst gibt es hier keine Möglichkeit!" hören wir, als wir nach *una stanza per una notte* fragen. So beschließen wir, unser Glück auf dem Land zu versuchen. Der erste Bauernhof (nein der zweite ist es) liegt nach rund zwei Kilometer rechter Hand etwas abseits der Straße. Mit schweren Beinen, aber gut gelaunt ,betreten wir das Hofgut, welches uns noch größer erscheint als das vom Vortag. Leider gibt es hier ebenfalls keine Übernachtungsmöglichkeit bestätigt uns die Bäuerin, nachdem uns ihr Sohn und dessen Freund (war am Wochenende auf dem Oktoberfest) bereits entsprechend aufgeklärt haben. Aber dann wird uns ein Bier angeboten und als der Patrone erscheint und wir erklären, dass wir nicht unbedingt ein Bett benötigen, sondern nur einen Platz, da wir ja einen *sacco a pelo* dabei haben, wird uns doch ein Platz im Stroh angeboten. Das Schlafen ist dann nicht ganz unterbrechungsfrei, da die 500 (!) Kühe nur 15 m entfernt fressen, muhen, streiten, Wasser lassen und kacken.

Zuvor werden wir aber noch zu einem „einfachen" Essen eingeladen. Es stellt sich dann als grandioses 5-Gänge-Menü heraus mit Pasta, Hähnchen, Salami, Käse, Obst, Kaffee und Wein.

Freitag, 03. Oktober 2003

Von Ossago nach San Nicolo

Wir sind sehr glücklich und dankbar über soviel Gastfreundschaft. Am anderen Morgen können wir noch rechtschaffend duschen und nach herzlicher Verabschiedung (Karl Josef trinkt noch zwei Becher Milch) sind wir unterwegs in Richtung Livraga.

Heute möchten wir den Po überqueren. Wir gehen von Livraga über Oriolitta nach Corte S. Andrea. Ein kleiner, ehemals blühender Ort, der aber heute mehr und mehr verlassen ist. Hier wurde die alte Tradition aufgegriffen, Wanderer per Boot aufzunehmen, um sie vier Kilometer weiter, flussabwärts wieder ans andere Ufer zu bringen. Es scheint alles zu klappen. Da die Saison jetzt im Oktober schon vorbei ist, melden wir uns telefonisch beim Bootseigner, nachdem wir die Stelle entdeckt und dort gevespert haben.

Wir sind fasziniert von dem Bewässerungssystem, den Dämmen und Schleusen, die überall zu betrachten sind. Man sieht auf den ersten Blick, dass der Boden fruchtbar ist. Für diesen Teil der Po-Ebene haben wir drei Tagesmärsche benötigt, um sie zu durchqueren. Wohl wegen der Bewässerung sieht man hier nichts von der allsommerlichen Dürre. Die Felder sind um diese Jahreszeit abgeerntet oder bereits tief umgepflügt. Als Kulturpflanze wird hauptsächlich Mais angebaut. Auch riesige Tomatenfelder sehen wir, welche vermutlich per Vollernter abgeerntet wurden. Zwischendurch finden wir übrig gebliebene Reste, die wir sogleich verzehren. Die Bauernhöfe sind von der Größe her nicht vergleichbar mit unseren in Oberschwaben. Die meisten dürften wohl 50 Hektar oder größer sein.

Irgendwann tauchte unser Bootsführer auf. Zunächst erklärte er uns, dass seine *Barka* kaputt sei und sogleich überreicht er uns Prospekte und Ad-

Über den Po – einmalig, still, geborgen und einfach.

ressen diesseits und jenseits des Po, wo wir essen, bzw. übernachten können. Da standen wir nun am Steilufer des Pos, nachmittags um zwei Uhr in dieser neblig, schönen, fast unheimlichen Flusslandschaft. Nicht übersetzen bedeutet zu Fuß zehn Kilometer Umweg nach Piacenza. Aber wir haben Glück. Wir sehen das einzige Fischerboot mit zwei Signori und winken sie herbei. Mit Hilfe unseres eigentlichen Bootsführers bitten wir sie, uns doch überzusetzen.

Ihr Fischerboot glich mehr einer verbreiterten Badewanne. Einer der Herren stieg aus, damit wir drei mit unseren Rucksäcken Platz nehmen konnten. Gemeinsam lancierten wir die Wanne, die ca. vier Kilometer flussabwärts durch Untiefen, Sandbänke und Treibholz an einer Flussbiegung gelegenen Anlegestelle. Es war ein einmaliges, individuelles Erlebnis jenseits allem Massentourismus.

Wegen der langen Einfahrtsstraßen der Städte umgehen wir Piacenza in westlicher Richtung. Wir überqueren die Autobahn Pavia – Verona, ebenso die Eisenbahnlinie und landen gegen Abend in der Gegend von San Nicolo. Nach Einkehr in einer Bar und dortigem Nachfragen gewinnen wir den Eindruck, dass es wohl am Besten sei, zum dritten Mal auf einem Bauernhof zu nächtigen. Wir sind jetzt bereits im „Delta der Trebbia" angelangt. Nach ca. zwei Kilometern biegen wir rechts ab in ein Gehöft. Wir sprechen mit dem Altbauern, und schon wieder sind wir beim Thema: Er war 1943 in deutscher Gefangenschaft in Weiden und in Königsberg. Mehr als Stroh ist heute nicht drin, aber mittlerweile können wir gut damit umgehen. Die Dusche ist im Stall und in einem Zustand, der mich zum Verzicht der Körperpflege veranlasst. Am anderen Tag hole ich das mitten im Flussbett der Trebbia inclusive einer feinen Rasur nach. Wir haben uns für heute nicht so sehr viel vorgenommen und erreichen gegen 16.00 Uhr unsere „Albergo Portichetto" in Rivergaro, bzw. den Vorort Ancarano. Dort gibt es eine sehr gute Pizza. Wir sind alle sehr müde und gegen 22.00 Uhr schlafen wir bereits selig in guten, weiß bezogenen Betten.

Sonntag, 5. Oktober 2003

Von Rivergaro nach Bobbio

Bisher war das Wetter in der Poebene diesig. Manchmal auch sonnig, insbesondere gestern hatten wir bis zu 30 Grad. Heute Nacht gegen Morgen gewitterte es, jetzt gegen 10.00 Uhr, hellt es auf und es ist klar, so dass wir weiter gegen Bobbio wandern. Mit dem Ort Travo haben wir für heute ein Drittel des Wegs hinter uns gebracht. Wir wandern das Tal Trebbia hoch, eines der schönsten und urtümlichsten Täler in Italien überhaupt. Schon Hemmingway hat sich hier sehr wohl gefühlt. Wir gehen abwechselnd am *Fiume*, dem Fluss entlang, auf Straßen, durch Dörfer, durch wunderschöne Niedrigwald-Landschaft aber auch über Äcker und Felder.

Für etwas empfindsame Wanderer ist es nicht das optimale Gelände, aber uns gefällt es so. Einfach querfeldein, wenn's nicht anders geht, und das ist nicht selten so in Italien. Zwischendurch pflücken wir noch süße Trauben, welche bei der Ernte vergessen wurden.

Die Strecke nach Bobbio zieht sich und zieht sich... Mit Einbruch der Dunkelheit fängt es auch noch an zu regnen. Wir sind eben doch im Apennin, mitten in den Bergen. Nach einer weiteren Stunde erreichen wir endlich Bobbio und sind froh, dass wir unsere *Albergo Cacciatore* bereits vorher ausfindig gemacht haben.

Bobbio: der irische Mönch Columban gründete hier um 612 eine Abtei

Montag, 6. Oktober 2003

Von Bobbio nach Hause

Wir sind uns schnell einig, dass wir uns bald auf den Heimweg machen, da wir uns mittlerweile doch weit im Landesinneren befinden. Nach der Besichtigung der „Teufelsbrücke", die über die Trebbia in Bobbio führt, geht's mit dem Bus nach Piacenza. Von dort geht es per Zug nach Mailand. Mittlerweile haben wir beschlossen, für 2-3 Stunden in Mailand zu bleiben. Wir schauen uns im Dom und in der näheren Umgebung um. Dadurch, dass wir größere Städte in der Regel umgehen, kommt das Entdecken von Städten zu kurz. Deshalb kommt mir dieser Abstecher gerade recht. Mit kleineren technischen Irritationen auf Italiens Bahnstrecken erreichen wir unser Auto in Cassano. Über Lecco, Chiavenna und dem Splügenpass, hier liegt bereits Schnee, fahren wir Richtung Deutschland.

Bobbio
Farini
Valmozzola
Recco
Varese Ligure
Lavagna
Cinque Terre

VIII. Teilstrecke von Bobbio zur Cinque Terre

Die Teufelsbrücke in Bobbio.
Bobbio liegt in der Region Emilia-Romagna.

Freitag , 24. September 2004

Von Bobbio ins „Waldquartier"

Nach anstrengenden Wochen, am Tag zuvor bin ich um 20.00 Uhr von der Arbeit nach Hause gekommen, geht's gegen 6.20 Uhr los gen Italien. Karl Josef fährt mit seinem Daimler. Die Fahrt verläuft ruhig und glatt. Um 13.45 Uhr sind wir, mit zwei Zwischenstopps, an unserem Ziel: Bobbio. Wir finden uns gut zurecht. Auf der Polizeistation fragen wir nach einem sicheren Parkplatz für unseren Wagen, nachdem wir es zuerst auf eigene Faust versucht haben.

Eigentlich wollten wir Bobbio Richtung Süden verlassen. Karl Josef hat jedoch vor geraumer Zeit einen Italiener getroffen, welcher ihm einen Wanderführer für Pilger nach Rom zugesandt hatte. So gehen wir nun gegen Osten, weiter ins Apennin hinein und nicht, wie ursprünglich geplant, Richtung Genua ans Meer. Wir halten uns, soweit unser bisschen italienisch das zulässt, an die Wegbeschreibung unseres neuen Reiseführers. Irgendwann erkennen wir, dass die Zahlen hinter den Orten die Höhenangaben sind. So stellen wir fest, dass unser Ausgangsziel Bobio auf 274 Höhenmeter und unser Ziel Pradovera auf 939 Meter liegt. Dazwischen ist allerdings der Passo St. Barbara mit 1.151 Höhenmeter zu bewältigen. Wir kämpfen uns auf schwerem, steilem Pfad, zum Teil sind auch sehr schöne Panoramawege dabei, hoch und höher. Am Anfang ernten wir noch wunderbar süße Trauben und Brombeeren. Gegen 18.30 Uhr wähnen wir uns kurz vor dem Pass. Allerdings wird der Pfad immer unwegsamer und endet dann im Nichts. Nachdem ich noch per Dauerlauf zwei alternative Abzweigungen erkundet habe, müssen wir uns eingestehen, dass wir irgendwo eine Abzweigung übersehen haben und beschließen, den ganzen mühsamen, steilen Weg wieder zurückzugehen, bis wir wieder auf eine eindeutige Wegmarkierung stoßen. Nach einer guten halben Stunde runterwärts im Schnellgang (das tut weh!) finden wir die Stelle, an der wir den Weg nach rechts hätten verlassen müssen. Auch diesen Weg erkundige ich per Dauerlauf und stelle dabei fest, dass dieser auch nicht kurzfristig zum Ziel führt. So beschließen wir, noch weiter abzusteigen. Mittlerweile ist es sehr stürmisch geworden und Nebel- und Regenwolken ziehen über die Bergkämme hinweg. Zu allem Überfluss trabt noch eine ausgewachsene Wildsau in fünf bis acht Meter Entfernung quer über unseren Pfad. Die Dämmerung bricht herein, und wir überlegen uns bereits, dass wir bei einer Temperatur gegen 0°Celsius im Freien in den Bergen übernachten müssen. Da erinnern wir uns aber an einen hüttenähnlichen Bretterverschlag, welchen wir auf dem Hinweg in einer Waldlichtung gesehen haben. Wir beschließen, bis dorthin abzusteigen. Mittlerweile ist es fast ganz dunkel. Mit höchster Konzentration laufen wir von Markierung zu Markierung den Wald hinunter. Gegen 20.00 Uhr erreichen wir den Verschlag bei völliger Dunkelheit. Ich erinnere mich an meine kleine Taschenlampe, die ich, Gott sei Dank, auch bald hervorkrame. Damit stellen wir fest, dass wir auf einem nackten Bretterboden schlafen werden. Die Hütte hat ein provisorisch geschlossenes und ein völlig offenes Fenster. Die Türe können wir notdürftig schließen. Der Wind hat zugenommen und es bläst an allen Ecken herein. Wegen der Dunkelheit bleibt uns nichts anderes übrig, als uns kurz nach 20.00 Uhr im Schlafsack auf den harten Bretterboden zu legen. Im Rhythmus von gefühlten 20 Minuten drehen wir uns von der einen auf die andere Seite oder auf den Rücken. Das Einzige, was nicht weh tut, sind die Fußsohlen. Alles in allem haben wir dann doch zusammengenommen ein paar Stunden geschlafen. Um 6.30 Uhr packen wir in der Morgendämmerung unsere Siebensachen und gehen den Weg zum zweiten Mal an.

Samstag, 25.September 2004

Vom Waldboden nach Capelletta/Farini

Bevor wir am späten Nachmittag die oben aufgeführte „Albergo" erreichen, liegen noch etliche wilde Streckenabschnitte vor uns. Allerdings sind auch richtig schöne Panoramawege dabei, so dass wir ins Schwärmen kommen über diese Gegend. Sie ist sehr waldreich und dünn besiedelt. Wir folgen unserem Wanderführer und haken Dorf für Dorf ab. Es handelt sich dabei meist um ein Gehöft mit drei bis vier verfallenen Häusern drum herum. Die Landflucht hinterlässt ihre Spuren.

Die im Reiseführer empfohlene Albergo liegt auf einem Pass mit einer eigenartig runden, kleinen Kirche und weiteren Häusern. Später erfahren wir, dass diese Albergo im Jahre 1947 als erstes Haus an diesem Ort gebaut wurde. Die Besitzerin ist Engländerin (aus London) und mit einem ortsansässigen Mann zusammen, der 14 Jahre in Großbritannien gearbeitet hat. Sie macht uns etwas zu essen, danach unterhalten wir uns lange mit ihr über Gott und die Welt, die Kinder, Hunde und Schwiegermutter und insbesondere, dass sie sich hier an diesem Ort einsam und angebunden fühlt. Sie studiert unsere Ausweise bezüglich Alter, Größe und Haarfarbe (was sie mit der Augenfarbe verwechselt). Sie fragt dann, wer von uns beiden der mit den graublauen Haaren sei. Sie hat einen richtig frechen, coolen, englischen Humor und wir veräppeln uns gegenseitig und unterhalten uns bestens. Am anderen Morgen palavern wir mit ihrem Mann, und er spendiert uns Kaffee. Anscheinend findet er unsere Wanderung, unser Ziel und unsere Erzählungen ebenfalls anregend. Aber Punkt 8.00 Uhr verabschieden wir uns herzlich, nicht ohne von der alten Schwiegermutter (die Schwiegertochter war übrigens 47) geküsst zu werden.

Sonntag, 26. September 2004

Von Capelletta/Farini nach Pione

Unser erstes Ziel ist Farine. Hier erhoffen wir, Lebensmittel und Batterien einkaufen zu können. Das Erste gelingt uns, mit den Batterien klappt es nicht, so dass wir die wunderschöne Gegend mit ihren herrlichen Motiven immer noch nicht festhalten können.

Wir merken mehr und mehr, dass wir uns jetzt und hier entscheiden müssen, ob wir den Weg Richtung Modena, also zunächst nach Osten einschlagen, so wie es unser Reiseführer empfiehlt, oder Richtung Süden gehen. Am Ende ist es so, dass wir es nicht fertig bringen, weiter Richtung Osten zu gehen. Wir würden so unserem Ziel praktisch nicht näher kommen. Dazu fehlt uns die Motivation. Also verstauen wir unseren Reiseführer im Rucksack und gehen wieder auf eigene Faust weiter, in diesem Fall dem

Nur wo du zu Fuß warst, bist Du auch wirklich gewesen.

Johann Wolfgang von Goethe

Fluss Nure entlang Richtung Süden. Wir sind weit im Hinterland in einer sehr schwach besiedelten, aber von der Natur üppig beschenkten Gegend. Weiter unten essen wir wieder herrliche, blaue Trauben und Äpfel am Wegrand.

Da wir immer noch keine richtige *Cartographia* haben, beschließen wir, auf der Landstraße zu gehen. Das ist ohne weiteres möglich, da praktisch keine Autos unterwegs sind. So gehen wir Schleife um Schleife, bis wir den Passo Pianazzo (o.ä.) erreichen. Nach weiteren zwei Stunden machen wir unser Ziel Pione aus. Es sieht nicht so aus, als ob es hier eine *Albergo* gäbe. Nur eine Kirche und fünf Häuser. Zu unserer Überraschung ist gleich das erste Haus ein *Restaurante e Albergo* und wir sind froh, dass es mit der *Camera per una notte* klappt. Nach einem einfachen, guten, dreigängigen Abendessen fallen wir bereits gegen 21.00 Uhr in das (zu) weiche Bett.

Montag, 27. September 2004

Von Pione nach Bedonia

Kurz nach 8.00 Uhr sind wir wieder bepackt und stehen bei herrlichem Sonnenschein an der Straße. Wir beschließen, heute nochmals auf der Landstraße zu wandern, damit wir eine gute Strecke hinter uns bringen. Gegen 15 Uhr erreichen wir nach rund 23 km unser Minimalziel Bedonia. Als erstes benötigen wir jetzt die Batterien für den Fotoapparat und Kartenmaterial. Dann fragen wir in einem Kaffee nach der Touristeninfo. Das löst eine Kettenreaktion aus, da diese am Montag Nachmittag geschlossen hat. Der Typ vom Cafe ruft den Mitarbeiter vom Touristenbüro an, mit dem wir uns dann zehn Minuten später auf der Straße treffen, um letztendlich dann doch ins Büro zu gehen und alles zu besprechen. Nach weiteren zehn Minuten telefoniert er seine Freundin herbei, und jetzt bewegt sich etwas. Eigentlich wollten wir noch nicht hier in Bedonia übernachten. Die nächste Übernachtungsmöglichkeit ist aber noch 12 km entfernt. Wir fragen nach einem Kloster o.ä. und tatsächlich gibt es eine wunderschöne Basilika (San Marco), die wir vorhin bereits besichtigt haben und, wie sich herausstellt, ein Priesterseminar ist. Unser „Freund" ruft an, und es heißt, wir sollen mal vorbeikommen. Also – nach herzlichem *grazie mille* – nichts wie hin. Wir finden uns vor einem riesigen Gebäude wieder und klingeln an der Pforte. Es wird aufgemacht und ein etwas schüchterner, junger Seminarist oder Pförtner erklärt uns auf italienisch, dass wir auf so etwas wie den *Rektore* warten müssen. Nach einer angenehmen halben Stunde, die wir in bequemen Sesseln verbringen, taucht der Chef auf. Gutes Aussehen, Mitte 50, schwarz gekleidet. Sein gut sichtbarer Bauchansatz sagt mir, dass wir hier wohl nicht hungern müssen. Er mustert uns von oben bis unten, fragt wo wir herkommen usw. Bald stellen wir fest, dass sich bei unseren jeweiligen Sprachkenntnissen weitere Mühen kaum lohnen. Unser Empfehlungsschreiben vom Salvatorkolleg Bad Wurzach überzeugt ihn schließlich. Wir übernachten kostenlos in einem großen, wunderschönen Zimmer mit Fernseher, Telefon und ebenso großem Bad.

Abgesehen davon, dass wir zum Abendessen zunächst fälschlicherweise in einem Raum mit ca. zehn ehrwürdigen Herren, wohl dem Stammpersonal, landen, und abgesehen davon, dass wir ein köstliches Abendessen mit Suppe, Salat, Gemüse, Fleisch, Käse, Brot und Wein vorgesetzt bekommen, geschieht an diesem Abend nichts Besonderes mehr. Allerdings mehr als einmal amüsieren wir uns lautstark über so viel Glück in dieser doch für uns außergewöhnlichen Umgebung.

Dienstag, 28. September 2004

Von Bedonia nach Varesi Ligure

Der Start verläuft etwas unglücklich. Gerade als wir nach knapp zwei km oberhalb der Stadt ein Erinnerungsfoto von Bedonia mit Basilika schießen, entdecke ich die Zimmerschlüssel und Chipkarte für die Außentüre unseres „Hotels" in meiner Hosentasche. Das beschert Karl Josef einen Kaffee und mir einen zusätzlichen Fußmarsch von vier km. Wir haben nun gut brauchbares Kartenmaterial und kämpfen uns wieder *Passo* für *Passo* vorwärts.

Wir sind nun gut „eingelaufen" und in bester Laune – wie immer! Unterwegs gibts aus der Natur Nüsse, Esskastanien und immer wieder Äpfel und Trauben. Zehn km vor unserem Ziel „Varese Ligure" unterhalten wir uns mit einem Herrn am Straßenrand so gut, dass er exakt den Weg erklärt und uns dann, nachdem wir ihm unsere tiefgefrorenen Schollenfilets geschenkt haben, in seine *Albergo* einlädt. Er verbringt hier gerade ein paar Urlaubstage und lädt uns zu einem vorzüglichen toskanischen Weißwein ein. Seine Einladung zum Abendessen hingegen können oder wollen wir nicht annehmen. Es ist erst 14.30 Uhr und wir möchten noch Varese Ligure erreichen, sonst kommen wir nie nach Rom. Leicht beschwipst marschieren wir weiter. Giovanni, er ist ein ehemaliger Matrose, begleitet uns noch bis an die Abzweigung ins Tal. Die Gegend ist hier voller Schluchten. Die Landstraße macht einen riesigen Bogen. Selbst die empfohlene Abkürzung scheint uns zu umständlich. So gehen wir über Weiden, Zäune, Gestrüpp und Wälder, immer hangabwärts unserem Instinkt nach und erreichen tatsächlich auf dem kürzesten Weg unser Ziel. Heute steht ein Besuch beim Friseur (parrucchiere) an. Für zehn Euro bekommt jeder von uns einen astreinen Haarschnitt verpasst. Wir übernachten im Hotel Amigi. Als *Peligrini* handeln wir den Zimmerpreis von 50 auf 40 Euro herunter. Nachdem wir eine gute Pizza mit 40 cm Durchmesser für 5,50 Euro und einen Liter Wein für 3,10 Euro genossen haben, geht's zufrieden ins Bett.

Mittwoch, 29. September 2004

Von Varese Liguri nach Pignone

Heute ist gehen, gehen, gehen angesagt. Wir sind ca. 45 km von La Spezia entfernt, und haben den Ehrgeiz, entweder das Meer an der Cinque Terre oder bei La Spezia zu erreichen. Nach mehrmaligem Neuorientieren legen wir folgende Route ein: Varese Ligure – S. Pietro Vara – Borghetto del Vara – Ripalta – Mercola – Pignone. Am Schluss kommen locker 35 km heraus. In Ripalta erklären uns zwei Damen und ein Herr den Weg – jeder seinen eigenen – und am Schluss sind wir nicht gescheiter als vorher. Wir gehen wieder einmal auf einem Pfad die Berge hoch, um dann in zwei riesigen

Schleifen nach 2,5 Stunden irgendwo in dicht bewaldetem Gebiet an einer befestigten Straße zu stehen – völlig ohne Orientierung. Ein LKW-Fahrer hilft uns weiter und gegen 18.30 Uhr erreichen wir unser Ziel Pignone.

Wir sind froh, dass es hier eine *Albergo* gibt oder ein Hotel. Dem Preis nach handelt es sich wohl eher um Letzteres. Die Dame verlangt 55 Euro für das Doppelzimmer. Mit Frühstück kostet es fünf Euro mehr, aber Frühstück ist nicht möglich. Wir essen jetzt bzw. haben jetzt die beste Pizza aller Zeiten gegessen und ein bisschen bin ich auch froh, dass es morgen wieder heimwärts geht. Bin gespannt, ob wir es morgen noch bis zum Meer schaffen!?

Was wir immer wieder erleben, wenn wir unser Ziel Rom nennen: Die Reaktionen gehen von „ich lass mich doch nicht verarschen" über „das kann ich fast nicht glauben" bis zu Bewunderung und Hochachtung.

Donnerstag, 30. September 2004

Von Pignone nach Vernazza

Heute früh, um kurz nach 7.00 Uhr sind wir marschbereit. Unser Hauswirt erklärt uns anhand verschiedener Karten diverse Wege, wie wir ans Meer gelangen. Wir entschließen uns, zunächst ein Stück auf der Landstraße in Richtung La Spezia zu gehen und entscheiden später, wie weit wir

Das Meer! Nach acht Teilstrecken und 28 Wandertagen haben wir an der Cinque Terre das Meer erreicht. Tagsüber ernährt uns die Natur, abends die italienische Küche.

noch gehen, bzw. ob wir uns bis zum Meer durchschlagen. Zwischenzeitlich regnet es leicht. Im nächsten Dorf wandern wir nicht, wie ursprünglich geplant, nach La Spezia, sondern gehen Richtung Cinque Terre. Zunächst streifen wir ein schönes, auf den Fels gebautes Dörfchen (Corvara) mit einer netten Herberge (Hotel Paese). Dann geht es wiedermal stundenlang bergauf. Endlich, gegen 11.30 Uhr, lichtet sich der Nebel und die Wolken und wir erblicken das Meer, die Riviera di Levante. Ein wundervoller Anblick und ein herrliches Gefühl. Wenn etwas sehr anstrengend war, ist es hinterher doppelt schön und befriedigend.

Wir sind von 200 m auf über 800 Meter gestiegen und müssen jetzt wieder auf Meereshöhe hinunter. Dann geht's, abgesehen davon, dass wir uns zwischendurch an Trauben sattessen, am Stück die steilen 800 Höhenmeter hinunter nach Vernazza (sprich Vernassa).

Vernazza ist ein schickes kleines Städtchen mit netten Restaurants, Bars und Unterkünften. Es hat einen kleinen Hafen und auch Bademöglichkeiten. Von La Spezia aus müsste es das 2. Dorf der Cinque Terre sein. Wir genießen den Aufenthalt, auch wenn das Städtchen mit Touristen überlaufen ist.

Die Rückfahrt zu unserem Auto nach Bobbio gestaltet sich äußerst schwierig. Erst gegen 19.00 Uhr erreichen wir per Bahn, Bus und privatem Taxi Bobbio.

Cinque Terre
La Spezia
Ortonovo
Massa
Camairo
Lucca
Vecchiano
Pisa

IX. Teilstrecke von Cinque Terre/ Vernazza/Manarola nach Lucca

Interessanterweise haben wir uns nie als Touristen gesehen, sondern als Reisende – als Entdecker.

Freitag, 30. September 2005

Von Vernazza nach Manarola

Wieder ist es so weit. Es war ein ereignisreiches Jahr: am 15. November 2004 ist mein Vater gestorben, am 18. Februar 2005 ist meine Mutter gestorben. Beide hatten ein entbehrungsreiches, anstrengendes, aber auch (mit ihren sechs Kindern) ein erfülltes und vor allem langes Leben. Ihnen widme ich diesen Teil meines Weges nach Rom.

Im März diesen Jahres waren wir in Honduras. Am 16. September feierte ich mit über 80 Personen meinen 50. Geburtstag. Hat wohl allen sehr viel Spaß gemacht. Johannes Weindel hat mit seinem virtuosen Klavierspiel sehr dazu beigetragen. Dann war da noch der Besuch unserer Freunde aus Wales vom 20. – 25. Oktober 2005. Aber jetzt ab nach Italien.

Mit Rücksicht auf den gestrigen Geburtstag eines Freundes gönnen wir es uns, erst um 7:15 Uhr zu starten. Dieses Mal ist es an mir zu fahren und wir starten durch mit unseren Multipla. Wir fahren unsere gewohnte Strecke über Chur – San Bernadino – Lugano – Mailand – Piacenza – La Spezia und stellen fest, dass es bis zu unserem Ausgangspunkt in der Cinque Terra in Vernazza noch ein wildes Stück Weg ist. Um kurz vor 15.00 Uhr sind wir in La Spezia durch. Bis wir wirklich unterwegs sind ist es 16.30 Uhr. Dazwischen müssen wir die Parkgebühr von 70

Durch die Cinque Terre

Euro !! für die sieben Tage verhandeln. Mit Pelegrini-Rabatt landen wir schließlich bei 40 Euro. Dafür werden wir per Bus bis in die Mitte von Vernazza gebracht. Bei herrlichem, sonnigen Herbstwetter wandern wir mit nacktem Oberkörper mal am Meer, mal über die Höhenrücken und erreichen gegen 18.30 Uhr den Ort Manarola. Eigentlich möchten wir noch ein Stück weiter über Riomaggiore Richtung La Spezia. Da wir mit Hinweis auf unseren „Pilgerauftrag" die Parkgebühren nach unten korrigieren konnten und auch das in der Cinque Terre übliche Wegegeld nicht entrichten mussten, entscheiden wir uns spontan, an einem Stand, an dem für Drogenabhängige und AIDS-Kranke gesammelt wird, das Ersparte zu spenden.

Als wir an diesem Stand nach einer Übernachtungsmöglichkeit fragen, wird ein älterer Herr auf uns aufmerksam. Er bietet uns ein Zimmer hier am Ort an. Er selber spricht etwas deutsch, da er während des Krieges zwei Jahre lang in Oberhausen als Bäcker arbeitete. Wir machen wohl einen vertrauenswürdigen Eindruck, so dass er uns den Schlüssel für seine ehemalige Wohnung übergibt, er selber wohnt jetzt in La Speria. Wie vermutet, finden wir zwar ein verwinkeltes Haus, aber ein sauberes, geräumiges Zimmer mit Dusche und WC. Nach dem Essen mischen wir uns noch in einer Bar unter hauptsächlich US-amerikanische und deutsche Touristen.

Samstag, 1. Oktober 2005

Von Manarola nach Lericci

Bis La Spezia ist es doch noch ein weiter und beschwerlicher Weg. Es ist eine herrliche Gegend, insbesondere das letzte Stück von Rio Maggiore über Biassa. An einer Kirche, hoch über dem Meer gelegen, nehmen wir nach zwei Stunden Gehzeit gegen zehn Uhr unser Frühstück ein. Dort treffen wir auf fünf Mädels (zwischen 30 und 40 Jahre). Die sind doch tatsächlich die ganze Cinque Terre durchgejoggt. Das dürften von Monterosso bis hierher an die 14 km sein. Es folgt der Abstieg nach La Spezia, welches wir von Westen her erreichen. Vom westlichen Stadtrand aus bis ganz zum anderen Ende benötigen wir gut 2,5 Stunden. In solchen Großstädten hält uns in der Regel nichts. Ganz anders sieht es dann hier in Lericci aus. Das Städtchen liegt am Meer, hat malerische Gassen, einladende Geschäfte und ist doch nicht so von Touristen überlaufen. Nachdem wir uns kurz in unserem **-Hotel frischgemacht haben, eine *Carta a regio* gekauft haben, landen wir in einer super Pizzeria. Vorher waren wir, so gegen 17.30 Uhr, an einem herrlichen Sandstrand beim Baden – am 1. Oktober!

Das war ein richtiges „Meeres-Jahr": Honduras – Karibik im März, französische Rivera im August, Mare Ligure jetzt im Oktober.

Am 1. Okt. 2005 um 18:00 Uhr: Beim Baden an der Riviera di Levante (Nähe La Spezia)

Kunstwerke i.d. Nähe von Carrara

Sonntag, 2. Oktober 2005

Von Lerici nach Marina di Massa

Zu unserer Überraschung regnet es heute. Jedenfalls immer mal wieder und zwischendurch auch richtig heftig. Wir lassen uns Zeit, entgegen unserer Gewohnheit frühstücken wir heute sogar etwas. Gott sei Dank lassen wir uns vom Besitzer des „Hotel del golfo" den Weg erklären. So beschreiben wir einen großen Bogen nach Norden, dann wieder nach Westen zum Meer. Das hat den Vorteil, dass wir bei diesen Wetterverhältnissen nicht über Gebirgspfade müssen. Bei Fiumaretta überqueren wir den Fluss Magra und kommen so wieder zum Meer. Mit Baden wird heute nichts. Dafür bietet das stürmische ligurische Meer mit zwei Meter hohen Wellen, mit gigantischen Wolkenbildern am Himmel, mit Regen und Sonne ein wunderbares Schauspiel. Insbesondere als Kontrast zum gestrigen Schönwetter-Strand. Immer wieder gehen wir direkt im Sand am Wasser entlang, obwohl wir dabei mehr Kraft zum Gehen brauchen.

In Marina di Carrara bestaunen wir die Verschiffung der vielen Marmorblöcke. Auch Angler und Fischkutter beobachten wir, was uns dazu animiert, an unserem Übernachtungsort, in Marina di Massa, im Restaurant „Eucalypto" einen in Öl gebackenen Fisch zu essen. Mal sehen wie der schmeckt...? Es war dann kein Fisch, sondern viele Meerestiere – lecker! Nach einem nächtlichen Stadtbummel geben wir uns kurz nach 22.00 Uhr „geschlagen" und freuen uns auf einen entspannten Schlaf in der Albergo Kelly – „wir sprechen deutsch".

Auf dem Weg ins Lanndesinnere, nach Lucca

Montag, 3. Oktober 2005

Von Marina di Massa nach Pietrasanta

Der heutige Tag der Deutschen Einheit ist ein trüber Tag. Nachts regnet es stark bis morgens um 8.00 Uhr. Nachdem uns die Besitzerin (eine ehemalige Mannheimerin) noch einen Capuccino spendiert, starten wir erst gegen 8.45 Uhr. Wir gehen mal direkt am Meer entlang, mal zwei, drei Parallelstraßen weg davon. Das Meer ist wieder faszinierend. Die Häuser, Restaurants, Pensionen, Bars usw. sind auf die Dauer eintönig, denn die Saison ist beendet und damit auch alles Leben. Ein kurzes Leben von Mai/Juni bis August/September. Jedenfalls beschließen wir, baldmöglichst auf unsere Route ins Landesinnere einzuschwenken und landen gegen 16 Uhr in Pietra Santa. Eigentlich möchten wir noch weiter, es regnet aber immer wieder, und so beschließen wir, doch hierzubleiben.

Wir bestaunen allerorts die Manufakturen, die Steinmetze, die Granit- und Marmorblöcke. Es ist der helle Wahnsinn, wieviel Kunst in Stein behauen hier zu betrachten ist.

Hartnäckig weigern wir uns, etwa zehn mal, bei senegalesischen Händlern einen *Umbrello* zu kaufen. Unser wiederholtes Argument ist: *„Domane sole"*, was bei den Händlern ein ungläubiges Lachen hervorruft. Mal sehen wer recht hat.

BED AND BREAKFAST
NONNA LORY
di Loriana Matana & C. snc
Via Traversagna, 3 - PIETRASANTA (LU)
Tel. 0584-790031
P.I. 01748690466 - Iscr. C.C. n. 26057 LU

Manchmal führen italienische Wanderwege auch über Schnellstraßen.

Dienstag, 4. Oktober 2005

Von Pietrasanta nach San Marcario in Piano

Geschafft! Heute haben wir die Strecke von Pietra Santa nach San Marcario absolviert. Über Landstraßen, Schnellstraßen, Berge und Täler, Waldwege. Vormittags müssen wir immer wieder dem Regen ausweichen – mit *Impermeaglie* – so heißt hier der Regenumhang, mit irgendwo Unterstehen, mit Einkehren in einer Bar. In letzterer haben wir gute Gespräche mit den Inhabern und Inhaberinnen. Zu allem Überfluss haben wir uns vorgenommen, um ein gutes Stück vorwärts zu kommen, auf der Hauptstraße zu gehen. Aber nachdem es links weggeht sind wir dann doch recht froh. Das ist wieder Toskana pur. Mittags kommt sogar ab und zu die Sonne durch, so dass wir unseren Mittagsschlaf unter einem Baum abhalten können. Beim „Abstieg", ca. 12 km vor Lucca, machen wir kurz Rast in einem Restaurant mitten im Gelände. Wie bereits mehrfach vorgekommen, öffnet der Wirt trotz Ruhetag und es entwickelt sich ein anregendes Gespräch. Er war lange in Kanada und Frankreich als Koch unterwegs und betreibt jetzt hier ein Restaurant. Er spendiert uns zwei Gläser Weißwein, so dass wir zufrieden von dannen gehen. Zuvor esse ich noch die besten reifen Feigen aller Zeiten von einem Baum und sammle noch ca. ein Kilo Maronen für zu Hause. Auf jeden Fall erleben wir wieder einen wunderbaren Wandernachmittag. Glücklicherweise finden wir ein Nachtquartier beim Pfarrer in San Marcario.

Mittwoch, 5. Oktober 2005

Von San Marcario nach Lucca

Es regnet. Daher beschließen wir, nur noch bis zur Innenstadt nach Lucca zu gehen und uns die Stadt anzusehen. In einem Kaffee, in dem wir ein kleines Frühstück einnehmen und unsere Kleider nebenbei trocknen, treffen wir doch tatsächlich nochmals den Gastwirt, von dem wir tags zuvor einfach so Weißwein spendiert bekamen. Zufall?

Wenig später durchqueren wir die Befestigungsanlagen von Lucca und finden uns im Tourist-Info wieder. Wir suchen eine geeignete Wanderkarte für das Gebiet südlich von Lucca.

Ab jetzt geht's Schlag auf Schlag:

- Wir geraten an eine gepflegte, jedoch etwas genervte Frau von ca. 50-55 Jahren
- Sie spricht gut deutsch, da sie aus Karlsruhe ist und seit 20 Jahren in Italien lebt
- Sie war mit einem Schwaben verheiratet und hatte genug von dessen Sparsamkeit
- Sie versteht sich bestens mit uns (O-Ton: „Ich mag euch sehr sehr gerne")
- Nebenbei fragt sie uns, wo wir denn die letzte Nacht als *pelegrini* verbracht hätten
- Immerhin können wir auf die kostenlose Nacht bei Don Fulvio im Pfarrhaus zu San Marcario verweisen.
- Sie klärt uns über ihre Ehe mit dem Schwaben aus Kirchheim ausführlich auf, mit dem Job bei Dornier, der Yacht, dem Haus in Immenstaad und dass ihr da was gefehlt hat.
- Irgendwie ist für sie klar, dass wir als Pilger wieder eine kostenlose Herberge suchen
- Sie überlegt, verschwindet kurz und erklärt uns dann, dass alles klar geht und wir kostenlos im **-Hotel „Stipito" übernachten können.
- Haben wir bis jetzt noch mit dem Gedanken gespielt,

evtl. früher heimzufahren wegen des Regenwetters, so wird jetzt klar, dass wir bis morgen, Donnerstag, bleiben.

- Beatrice Gabriele, so heißt unsere Betreuerin, versorgt uns mit einem Stadtplan, elektronischen Guides und Regenschirm
- Gegen 10.30 Uhr ziehen wir los, um Lucca zu erobern

Lucca war wohl schon lange vor Christi Geburt eine römische Festung. Die Stadt und damit die Mauern wurden immer wieder erweitert. Ihren Reichtum und Wohlstand hat sie der Herstellung und dem Handel von Stoffen, insbesondere Seidenstoffen zu verdanken. Viele wohlhabende Familien kämpften um Vormachtstellungen, was sich auch an der Vielzahl entsprechender Villen, Kirchen (über 100), Gärten und Türme zeigt – eine sehenswerte Stadt mit einer bemerkenswerten Geschichte.

Der Komponist Giacomo Puccini kam hier 1858 zur Welt, lebte und wirkte in Lucca. Er war wohl nicht nur ein umstrittener Komponist – er war auch Frauenheld, starker Raucher und allen irdischen Genüssen zugetan.

Donnerstag, 6. Oktober 2005

Von Lucca nach Hause

Per Zug treten wir um 6.20 Uhr den Heimweg an. In La Spezia müssen wir eine Stunde im Zug wegen eines Defektes warten, aber dann geht's ab nach Vernazza. Bis wir uns aus der Cinque Terre herausgekämpft haben, dauert es... Mit einigen kleinen und einem größeren Zwischenstop in Lodi zum Einkaufen zieht sich die Rückfahrt bis 20 Uhr hin. Aber toll war es wieder.

Lucca
Altopascio
Firenze
Pisa
Empoli
Pontedera
Castelfiorentino
Poggibonsi
Monteriggioni
Sienna

X. Teilstrecke von Lucca nach Sienna

Wir waren ja weiß Gott nicht die ersten Deutschen, die sich in der Toskana aufhielten. Aber diese einmalige besondere Landschaft zu Fuß zu entdecken, sozusagen von innen heraus, das verleiht ein Gefühl der Verbundenheit.

Samstag, 6. Mai 2006

Von Lucca nach Altopasio

Wir sitzen an einem Straßencafe in der Via della Palagina in irgendeinem toskanischen Dorf. Hier überqueren wir den Fluss bzw. den Kanal Uscino, einem Arm des Arno, in der Nähe von S. Croze.

Gestern sind wir von Lucca her in diese Strecke „eingewandert". Wir kamen gegen 15.00 Uhr in Lucca an. In der Tourist Information haben wir uns gleich nach unserer schwäbisch-italienischen Betreuerin erkundigt. Sie hatte tatsächlich Dienst, allerdings am anderen Ende der Stadt. Es war ein herzliches Wiedersehen. Nach einem kurzen Augenblick des Zögerns, erkannte sie sogleich ihren Karl Josef und Josef wieder. Es dauerte nicht lange, da hatte sie sich um einen Parkplatz für unser Auto gekümmert. Und

Auf dem Via Francigena auf der Strecke von Modena nach Sienna

so trafen wir auch noch mit unserem Hotelier zusammen, bei dem wir im letzten Jahr, dank Beatrice, kostenlos übernachten durften. Was die Strecke betrifft, so mussten wir uns, von Ausnahmen abgesehen, überwiegend auf Straßen bewegen. In den stark bevölkerten Gegenden ist von den alten Römerstraßen nicht mehr viel übrig.

Erst gegen 21.00 Uhr fanden wir nach einigem Hin und Her ein Quartier in der Albergo Paola in Altopasio. Mit einem einfachen aber wundervoll schmeckenden Essen *(Salata mista & pizza quatro statione)* beschlossen wir den Tag.

Mehr und mehr entdecken wir die Schönheiten der Toskana

Sonntag, 7. Mai 2006

Von Altopasio nach San Miniato

Gespannt, welche der diversen Wettervorhersagen wohl zutrifft, schauen wir morgens um 7.00 Uhr aus dem Fenster: Blauer Himmel und Sonne. Und das soll den ganzen Tag so bleiben. Wir halten uns an den Via Francigena, und heute haben wir Glück. Der größere Teil führt auf Originalrouten abseits der neuen Straßen. Es ist wie im Paradies. Eine Fauna und Flora wie es vielfältiger und anmutiger nicht vorstellbar ist. Dazu Hügel und toskanische Anwesen. Irgendwann legen wir uns etwas abseits der Straße ins Gras unter einen Olivenbaum. Mein Hemd hänge ich zum Lüften an meinen Wanderstab. Wir ziehen alles aus, da es bereits richtig warm ist. Als wir gerade so im Adamskostüm daliegen und die Augen schließen, bekommen wir Besuch vom Bauern, welcher vermutlich durch mein sichtbares Hemd angelockt wurde. Mir gelingt gerade noch, meine Mütze „darüberzulegen" und mich schlafend zu stellen. Die Rechnung geht auf. Der Bauer kommt bis auf vier bis fünf Meter heran, beobachtet uns kurz, um dann unverrichteter Dinge wieder abzuziehen.

Am Abend haben wir Glück. Wir übernachten in einem Pilgerheim. Das ist ein Raum mit drei Betten und einer Dusche. Das Zimmer befindet sich in einem neuen Gebäudekomplex, in dem auch das Rote Kreuz und so etwas wie eine Sozialstation untergebracht sind. Wir spendieren jeweils zehn Euro und erhalten dafür neben einer angenehmen Übernachtung eine wunderschöne Pilgerurkunde. Wegen der preiswerten Übernachtung gönne ich mir heute Fisch, welcher wunderbar zubereitet und serviert wird.

Das Reisen führt uns zu uns selbst zurück.

Albert Camus

Montag, 8. Mai 2006

Von San Miniato nach Gambasi Therme

Was es mit der Therme auf sich hat, müssen wir erst noch herausfinden. Jedenfalls sind wir in einem typisch toskanischen, eng bebauten Hügeldorf mit guter Fernsicht angekommen. Heute sind wir wieder zeitig, es war kurz nach 7.00 Uhr, losgegangen. Zunächst überwinden wir die Entfernung bzw. den Höhenunterschied von Miniato basso (= Ebene) und San Miniato (auf dem Berg). Hier steht ein Dom, Kirchen und sonstige mächtige Bauten, alles aus Backstein, was naheliegend ist, da die Böden hier lehmig oder tiefgründig sandig sind. Wenn die Bauern hier einen Weinberg anlegen, pflügen sie 80 cm tief. Da kommt kein Stein zum Vorschein. Die ganze Strecke heute ist Toskana pur. 24 km Hügel, Weinberge, Olivenhaine, Wiesen, Äcker, Gehöfte. Kein Dorf – nur agricoltura.

Bald geht uns das Wasser aus. Also biegen wir bei nächster Gelegenheit rechts ab vom Weg in ein Gehöft und fragen nach demselben. Es entwickelt sich eine herzliche Atmosphäre, auch wenn die Kommunikation holprig ist. Wir bekommen Wein und Bier vorgesetzt und *cibo* (Essen) angeboten. Auf ersteres lassen wir uns ein, das angebotene Essen handeln wir auf einen Kuchen herunter. Die Unterhaltung mit drei Generationen ist hochinteressant und wir verlassen den Hof erst nach knapp zwei Stunden. Tut gut – zwischendurch menschlichen Kontakt zu knüpfen.

Über Stock und Stein folgen wir brav den Zeichen des Via Francigena. Kurz vor 18 Uhr erreichen wir endlich unser Ziel: Gambassi Therme. Wir finden Quartier im Le Torri.

Um den nächsten Hügel herum – ein paar Höhenmeter weiter und die Landschaften wandeln sich

Wir befinden uns wohl in einem internationalen Wegenetz

Wie fast jedesmal:
Ein halbe Stunde still sitzen beim Friseur tut gut

Dienstag, 9. Mai 2006

Von Gambasi Therme nach San Gimignano

Am frühen Morgen ins Land hinein schreiten. Das ist ein besonderes Merkmal unserer Wanderreise. Wir sind nicht besonders früh dran, da es ein Gewitter gab. Den ganzen Tag über ist es zwar sehr windig, aber dennoch ordentlich sonnig und warm, so dass wir eine ausgedehnte Pause zwischen Olivenbäumen machen können. Heute, am 4. Tag, ist „Ruhetag", d.h. wir gehen gemütlich und legen nur eine Strecke von 18 km zurück. Eben von Gambasi Therme bis San Gimignano. Die Gegend ist nochmals etwas anmutiger und schöner als gestern. Der Via Francigena führt Gottseidank nur über Feldwege, Wiesen und Wälder. Dafür aber kein Dorf, kein Cafe, keine Bar.

Was den geschichtlichen Hintergrund und die Sehenswürdigkeiten betrifft, so wird San Gimignano in einem Satz mit Florenz oder Sienna genannt. Es ist ein einzigartiges Beispiel für ein vollständig erhaltenes, mittelalterliches Stadtbild. Es liegt weithin sichtbar auf einem Berg. Von den ehemals 72 Türmen stehen noch 15. Von weitem macht es den Anschein eines Dorfes, von der Struktur her ist es aber eine Kleinstadt mit Kirchen, Villen, Weinhandlungen und vielen Kunstgalerien. Mehr kann ich an dieser Stelle nicht beschreiben. Nur soviel, dass man als Mitteleuropäer unbedingt hier gewesen sein muss.

Wir beschließen, den morgigen Vormittag nochmals hier zu bleiben, um die historischen Sehenswürdigkeiten und das Wissen um unsere geschichtlichen Wurzeln in uns aufzunehmen.

Unvergesslich dieser Aufenthalt im Park mit Gitarrenlauten, die sich wie Harfenklänge anhörten

Mittwoch, 10. Mai 2006

San Gimignano a Colle del Val d' Elsa

Gesagt, getan! Wir nehmen uns einen elektronischen Fremdenführer und hören uns die historischen Hintergründe von 35 der ca. 50 angebotenen Plätze an. Imposant ist der 54 m hohe „Torre Groce" von dem aus wir bei bester Fernsicht die hügelige Kulturlandschaft der Toskana genießen.

Erst gegen 13.00 Uhr marschieren wir los. Als wir merken, dass der Himmel mehr und mehr wolkenverhangen wird, vespern wir auf einer Friedhofsmauer und wenig später legen wir uns ins Gras zu einem Nachmittagschläfchen.

Wir befinden uns wieder auf dem Via Francigena und folgen brav den entsprechenden Schildern. Leider fehlen diese des öfteren, und so müssen wir heute zweimal ein Stück zurückgehen, um uns neu zu orientieren. Gegen 17.00 Uhr stellen wir fest, dass wir die vorgegebene Strecke heute nicht mehr erreichen können. Wir beschließen, in der nächsten Stadt, nämlich in Colle del Val d'Elsa nach einer Übernachtungsmöglichkeit zu fragen. Auf Empfehlung zweier Herren gehen wir in einem großen Bogen um eine Schlucht in einen anderen Stadtteil. In einem Conviento (o.ä.) soll ein *Punto pellegrini* sein. Allerdings treffen wir dort nur eine zwar freundlich lächelnde, aber abweisende, unsympathische Frau an. So geht's, wie ich vorher schon geahnt hatte, wieder zurück in den Altstadtkern. Dank dem uns mittlerweile eigenen „Verhandlungsgeschick" übernachten wir in dem ansprechenden, guten 3-Sterne-Hotel „Alonsio" zum Preis von 45 € für uns beide. Das Essen heute ist jedoch mit 50 € eher *caro* (teuer).

SIENA

Der Dorfplatz von San Gimignano. Ein wunderbarer, stiller Ort, um für sich zu sein und Einkehr zu halten.

Bahnhof Siena.

Über Stock und über Stein.

Botschaften am Wegesrand.

Wir beide mit einem italienischen Wissenschaftler, der sich um den Pilgerweg Via Francigena verdient gemacht hat.

Donnerstag, 11. Mai 2006

Colle del Val d' Elsa via Siena

Heute möchten wir Siena erreichen. Wir schlafen beide nicht besonders gut. Es regnet in Strömen. Nach 7.00 Uhr regnet es nicht mehr, aber der Himmel ist bedrohlich dunkel und wolkenverhangen. Genau zu dem Zeitpunkt, als wir aus dem Hause gehen, setzt der Regen wieder ein. Nach einer Stunde sind wir unterhalb der Knie patschnass und das Wasser steht uns in den Schuhen.

In solchen Augenblicken (bzw. Stunden) macht sich dann schon mal eine trübe Stimmung breit und ich frage mich: "Muss ich das haben?" Vor Kurzem haben wir an einer Ruine in der Wildnis gelesen: „Das Leiden lohnt sich!" – Mal sehen. Wir beschließen, zunächst bis zu dem zehn Kilometer entfernten Riggione durchzuhalten. Das ist ein wunderschönes, kleines Burgdorf, mit einer mittelalterlichen, gut erhaltenen Mauer. Und tatsächlich, am Fuße des Hügels angekommen, lichtet sich der Himmel und 20 Minuten später sitzen wir im Freien auf dem Dorfplatz und verzehren unser mitgebrachtes Vesper, um anschließend einen Kaffee und etwas *dolci* zu genießen.

Mit einigen Zick-Zack-Routen erreichen wir gegen 17.30 Uhr den Vorort Fontebecci von Siena. Im Ostello Guidoriccio

Ubic. Eser
Via Fiorentina
53100 Siena
Tel. 0577 522 12

übernachten wir für jeweils 13,94 €. Später fahren wir per Bus doch noch ins Zentrum von Siena. Auf dem Weg dahin unterhalten wir uns sehr gut mit einem Paar, das aus Seattle/USA stammt und per Mountainbike Italien und Frankreich erkundet. Es sind Brad und Eleonora.

In Siena angekommen, sind wir stark beeindruckt von den majestätischen Bauten und Palästen, Kirchen, Türmen, Straßen und Plätzen. Wir spüren sehr deutlich die Verbindung von diesem Ort in unsere Kultur hinein. Wenn man sich jedoch vor Augen hält, wie diese oben erwähnten Bauwerke zustande gekommen sind, und dass der weitaus größere Anteil der Bevölkerung unter dem Bau gelitten hat, dann trübt sich das Bild doch ein wenig. In diese mittelalterliche Entstehungszeit fallen eben auch Kriege, Pest, Verfolgung, Hexenprozesse, Folter und Armut. Die ganz große Anzahl der Gebäude und Türme sind aus purer Prozerei und Machtstreben rivalisierender Familien entstanden. Leibeigenschaften und Ausbeutung waren etwas ganz Normales. War das den Preis wert?

Freitag, 12. Mai 2006

Von Siena nach Hause

Entgegen unserer Planung gehen wir heute doch nicht mehr ins *Centro* von Siena, da es mit dem Bus und der Gepäckaufgabe nicht richtig klappt.

So fahren wir müde, aber zufrieden um 11 Uhr mit dem Zug von Siena über Empoli und Pisa zurück nach Lucca. Unser Hotelier vom Stipido, bei dem wir parken durften, spendiert uns noch einen Kaffee. Dann geht es mit dem PKW nach Hause, wo wir gegen 24 Uhr ankommen.

Arrezo
Sienna
Cortona
Sinalunga
Montalcino
Castiglione
del Lago
Arcidosso
Abbadia
San Salvatore
Bolzena
Manciano

XI. Teilstrecke von Siena nach Bolzena

Unere zweitletzte Etappe voller Naturschönheiten, bleibenden Eindrücken und schon etwas Wehmut ob des nahenden Endes unserer Wanderung…

Mittwoch 23. Mai 2007

Anfahrt nach Siena

Wegen der langen Anfahrtstrecke haben wir uns entschieden mit einem Flieger (Tuifly) von Stuttgart nach Pisa zu fliegen. Wir reisen per Zug nach Stuttgart, um gegen 19:00 Uhr mit dem Flieger zu starten. Von Pisa geht's weiter mit dem Zug über Empoli nach Siena.

Erwähnenswert ist noch, dass es einigermaßen ungewöhnlich war, den Wanderstab von Karl Josef einzuchecken. Neben anderen Aufklebern hat er jetzt auch ein Band mit der Aufschrift „Bundespolizeiliche Kontrolle" dran.

Unterwegs im Zug in Richtung Siena erinnern wir uns an das Ostello Guidoriccio. Dort hatten wir bereits im letzten Jahr übernachtet. Sehr einfach, aber sauber und ausreichend. Kann man jedem empfehlen, der auf Wanderschaft ist oder als normaler Tourist in Siena weilt. Dank mobilem Telefon melden wir uns telefonisch an. Die 2,5 km vom Bahnhof in den Vorort gehen wir zu Fuß und erreichen unsere Herberge noch vor Torschluss gegen 24:00 Uhr. Auch wenn es kein deutsches ist, eine Flasche frisches Bier ölt unsere trockenen Kehlen und wir schlafen zufrieden und erwartungsvoll ein.

Donnerstag, 24. Mai 2007

Von Siena nach Murlo/Vescovado

Um viertel vor sieben sind wir bereits wieder auf den Beinen. Bis wir ganz durch Siena in Richtung Süden sind, vergehen zwei Stunden. Da ist es wieder, dieses Zeit Haben, dieses Belanglose, dieses hier Anhalten, Staunen und dieses Ahnen von Früherem, von Freud und Leid hinter diesen Mauern, dieses Sorglose, dieses Einatmen des Lebens, diese Lust am Ungewissen. Das ist Freiheit. Wir schauen hier und da mal rein, positionieren uns für ein Foto und genießen den frühmorgendlichen Flair der kühlen Gassen, der

Unsere bleibenden Eindrücke von Siena:

- Ausgang durch die „Porta Romana"
- Piazza del Campo. Auf dem Platz wird zweimal im Jahr, am 02. Juli und am 16. August ein abenteuerliches Pferderennen veranstaltet – das „Il Palio."

Tore, der Plätze und Häuser dieser frühmittelalterlichen Stadt. Vorbei am Piazza del Campo nehmen wir wir den Ausgang durch das majestätische Porta Romana und gehen weiter auf der vielbefahrenen Via Enea Piccolo. Nach weiteren zwei Stunden auf dieser Hauptstraße dürfen wir endlich auf eine *strada bianca* abbiegen.

Ein zementharter Kiesweg, der uns nach Radi führt. Es ist bis jetzt der heißeste Tag auf unserer ganzen Reise. In Radi angekommen, treffen wir an einer erhaben gelegenen Osteria auf drei Ehepaare aus der Lübecker Gegend, die uns bereits unterwegs per Fahrrad überholt hatten. Wir setzen uns dazu und essen uns an einem *Salata mista* einem halben Laib Weißbrot und einer ganzen Flasche Weißwein einigermaßen satt.

Die Stimmung ist gut und so geht es auf unserem staubigen Feldweg weiter in Richtung Buonconvento. Gegen 16.30 Uhr, so rechnen wir aus, haben wir unsere Tagesleistung erreicht und beschließen, dass wir den nächsten Bauernhof zum Übernachten aufsuchen. Am Wegesrand: Wir beobachten eine Herde Schafe, welche schlappbauchend (damit meint der Schwabe hechelnd) die Köpfe ineinander und untereinander strecken, um Schatten zu erhalten. Auffallend ist, das muss hier erwähnt werden, der dazugehörige Schafbock. Er hat einen riesigen Sack (Hoden). Er ist auf jeden Fall größer als sein Hirn! Tja die Evolution wird schon wissen, auf was es ankommt bei italienischen Schafböcken. Zurück auf die Straße, auf den Pfad der Tugend. Wie schön doch das Einfache sein kann. Die Vegetation ist jetzt im Mai fett, üppig und verschwenderisch. Wir führen immer mal wieder sehr tiefe Gespräche und langsam merke ich, dass ich wieder mehr und mehr ganz hier bin.

Beim nächsten *Acroturismo* biegen wir ab, und nach einigen Minuten stehen wir auf einem stattlichen Anwesen. Nach einigem Suchen meldet sich die Chefin. Sie bestätigt uns, dass wir übernachten können. Sie habe aber nur Appartements zu vermieten und das tendenziell eher so für eine ganze Woche. Nach etwas Hin und Her nennt sie uns dann einen Preis von 80 € *per una notte*. Wir möchten weder weitergehen noch möchte

jeder von uns 40,– € hinblättern. Am Ende unserer Verhandlungen sind wir bei 60 € inclusive einer Flasche Rotwein, Oliven, Käse und Keksen, welche Lucia uns noch dazugibt, nachdem Sie unser Empfehlungsschreiben gelesen hat.

Das Hofgut liegt wunderbar klassisch auf einem toskanischen Hügel. Rundherum eine direkte Sicht auf Olivenhaine, Kirsch- und sonstigen Obstkulturen und zusätzlich eine wunderbare Fernsicht. Die Besitzer sind sehr freundlich und uns fehlt es an nichts. Das ist die Vorstufe zum Paradies! Wir essen im Freien, trinken, duschen, relaxen und waschen unsere total durchschwitzten Klamotten. Später tauchen wir noch in den Swimmingpool ein. Das hilft unseren müden Knochen zur Entspannung. Danach geht's in ein wunderbar angenehmes Bett und ich schlafe selig bis morgens um halb sechs.

Freitag, 25. Mai 2007

Von Murlo/Vescovado nach Montalgino

Ich stehe mit den ersten Sonnenstrahlen auf und beobachte den Sonnenaufgang in dem Dunst der toskanischen Morgenluft. Heute geht es zunächst in das acht Kilometer entfernte Buonconvento. Noch ist es angenehm übers Land zu gehen. Jeder neue Hügel, jede Wegbiegung eröffnet neue Perspektiven, neue Horizonte. Nie wissen wir, was uns erwartet. Das macht den Reiz der Reise überhaupt aus. Buonconvento entpuppt sich jedenfalls als ein sehr angenehmes, gemütliches Städtchen. Denkt man sich die Autos weg, kann man sich hier leicht ins Mittelalter zurückversetzen. Im Rathaus und im Museum entdecken wir, dass die Deutschen im Zweiten Weltkrieg hier gewütet haben. Kaum vorstellbar diese Sinnlosigkeit… Zwei Stunden halten wir uns hier auf, dann geht es wieder „auf die Walz“.

Die Sonne brennt senkrecht und noch heißer als gestern. Auf Hauptstraßen, Nebenstraßen und durchs Gebüsch (wir suchen Schatten) schlagen wir uns auf das über 600 m (von 190 m) gelegene Montalgino durch. Die Pausen werden immer kürzer. Es geht rauf und runter (mehr rauf). Obwohl wir unser übliches Tagespensum von über 30 km noch nicht erreicht haben, beschließen wir: Basta – es reicht für heute. Wir genießen (etwas zuviel) *vino bianco* und machen uns „in gelöster Stimmung“ auf Herbergssuche. Ein Herr, offensichtlich aus der alternativen Szene, führt uns zu einem wunderbar gelegenen Etablisement. Wir unterhalten uns recht und schlecht auf englisch-italienisch-deutsch. Als wir uns so richtig niederlassen wollen, stellen wir fest, dass eine Übernachtung nicht *nineteen*, sondern *ninety* € kosten soll.

Wir bleiben Freunde, gehen aber von da an getrennte Wege. Kurz davor fiel ihm Gottseidank noch ein, dass er einen Freund mitten in der Stadt mit einem Zimmer für 22 € *per persona, per una notte*, hat. So übernachteten wir dort und genehmigten uns dafür ein ordentliches Essen. Es gibt Leber mit gegrilltem Gemüse. Trotz unseres, im Vergleich mit anderen Fortbewegungsmittel, langsamen Fort- und Ankommens brauchen wir doch an manchen Orten eine gewisse Zeit, bis wir angekommen, bis wir richtig verbunden sind...

Im Westen der Stadt beim „Forte" fragte ich eine Italienerin nach dem Fortgang des Weges. Folgender ungefährer Dialog entwickelte sich.

Ich *„Scusi, parlare italiano?"*
Sie *„un pocco"*
Ich *„Di dove sei?"*
Sie *„Dalla germania"*
Ich *„Dove?"*
Sie *„Fribourgo!"*
Ich „Ah! Freiburg, dann könnet mir ja deutsch oder besser gleich schwäbisch schwätza...!"

Sie stimmte mir zu und die Frau aus Deutschland entpuppt sich als wahre Italienkennerin. Sie ist mit dem Fahrrad und ihrem Mann, einem Lehrer, unterwegs.

Am Bolsener See.

Gefährliche Gegend: Hunde und Schlangen am Wegesrand.

Spielen mit Kindern – sein dürfen wie Kinder.

Die Abtei St. Antimo ca. zehn Km südlich von Montalcino – von Benediktinern im 18. Jahrhundert gegründet.

Pfingstsamstag, 26. Mai 2007

Von Montalcino nach Castel del Piano (bzw. Seggiano)

Sehr wertvoll ist aus unserer Sicht, dass wir spätestens gegen 7:00 Uhr auf der Straße sind. Da wir abends meistens erst nach 20:00 Uhr zu Abend essen, kommen wir die ersten drei Stunden gut ohne Essen zurecht und damit immer schon ein gutes Stück voran.

Ein Ziel am Weg ist heute das Kloster Abbadia St. Antimo mit seiner berühmten Klosterkirche. Hier kann man sich angeblich auch für ein paar Tage zurückziehen, in sich gehen und mit den Patres alle zwei Stunden gregorianische Gesänge üben. Der Ort ist zwar interessant, aber doch nicht so interessant, dass wir bleiben müssen, zumal die Gegend sehr zerklüftet und somit anstrengend für uns ist. Wir möchten weiterkommen. Es geht rauf und runter. Von 624 m auf 184 m und wieder hoch auf 500 m. Beim nächsten Passo, der Seggiano vom nächsten Tal trennt, beschließen wir, das rund vier km entfernte Städtchen noch zu stürmen, was uns Kraft und Schweiß kostet. Wieder rauf auf knapp 500 m. Wir beschließen, hierzubleiben und fragen zwei tratschende Italienerinnen nach einer Albergo. Die eine spricht sehr gut englisch. Ihr Freund kommt dazu. Sie dolmetscht uns, dass es hier nichts Derartiges gäbe. Sie ist nicht nur blond und hübsch mit allem drum und dran, sondern auch sehr weltoffen, freundlich, hilfsbereit und intelligent. Nach ein paar Minuten sitzen wir mit ihr und ihrem Freund im Auto, das uns nach Castel del Piano bringt. Er verkuppelt uns ins Hotel „Stella" und alles ist bestens. Die blonde Italienerin entpuppt sich jedoch als eine *Russia from Taschkent*. Sie lebt seit einem halben Jahr hier in Italien...

Unser Empfang in S. Fiora

Pfingstsonntag, 27. Mai 2007

Von Seggiano nach S. Fiora

Das Erste, was wir heute machen „müssen“ ist, die Strecke, die wir gestern per Auto gefahren wurden, nachzuholen. Und zwar gehen wir mal zur Abwechslung in die umgekehrte Richtung, also zurück von Castell del Piano (piano heißt übrigens Hochebene) nach Seggiano. Zurück geht's nach einer Kaffeepause per Anhalter, um von dort aus richtig zu starten.

Heute legen wir einen gemütlichen Tag ein. Nach 20 km ist in S. Fiora Schluss. Den hier dominierenden Gebirgszug um den „Monte Amiata“ haben wir jetzt umgangen. Dieser Gebirgszug ist noch sehr naturbelassen. Sogar Wölfe leben hier. Der Gipfel ist 1738 m, und im Winter kann man Skifahren. Wir essen einigermaßen preiswert, aber sehr gut im „Al Ponte“ gleich neben unserer Unterkunft.

Aquapendente

Pfingstmontag, 28. Mai 2007

Von S. Fiora nach Proceno

Der Tag beginnt damit, dass wir eine geschlagene Stunde lang auf den Hotelangestellten warten müssen, der nicht im Hotel, sondern auswärts schläft. Es hätte nicht viel gefehlt, dass wir uns einfach so davongemacht hätten. Das erste Etappenziel ist „Castell Azzara" – 19 km entfernt.

Das Wetter hat umgeschlagen. Gestern Abend hatte es schon einen Gewitterregen. Jeder km ist auf einem Markstein angeschrieben. 19-18-17... Bei km 12 riskieren wir eine „Abkürzung" auf einen ausgeschilderten Wanderweg. Sonst müssen wir die meiste Zeit dieser Strecke auf geteerten Landstraßen gehen, die aber sehr wenig befahren sind. Auf einem Niveau von über 800 Höhenmetern geht es auf und ab, Kurve an Kurve. Die Landschaft hat sich völlig verändert. Weidewirtschaft, Wald und Schluchten herrschen vor. Kein Weinbau, kein Obst, 15 km lang kein Dorf. Hier möchten wir uns, im Gegensatz zu anderen Orten dieser Strecke, nicht niederlassen.

Bei Km 9 kommen wir wieder auf die Landstraße und bei Km 3 in einen ausgiebigen Regen. Der Regen hält an bis km 0. Wir sind körperlich fertig und bis zu den Schenkeln durchnässt. In einer Bar gibts einen Kaffee und eine Kleinigkeit zu essen. Nach einigem Hin und Her beschließen wir weiterzugehen, und zwar nochmals 19 km bis nach Proceno, das acht Kilometer vor Aquapendente liegt. Es kommt sogar noch die Sonne durch, so dass unsere Kleidung, abgesehen von den Socken und Schuhen, wieder trocknet. Wir kommen wieder bis auf 400 Höhenmeter herunter, und es ist ein wunderbares Gefühl, wenn die Kleidung nach und nach von der Sonne am Körper trocknet. Mehrmals haben wir Gelegenheit, *Chiliegie* (Kirschen) direkt vom Baum zu essen. Das ist eine willkommene Abwechslung zu Brot, Tomate, Salami, Käse und Gurke. Auf Anhieb finden wir einen sympathischen Hauswirt, der uns nicht nur eine Flasche Rotwein, sondern auch ein Bad mit Whirlpool spendiert, das ich in vollen Zügen genieße.

Dienstag, 29. Mai 2007

Von Proceno nach Bolzena

Heute ist es nochmals stark bewölkt. Die richtig schönen Tage haben wir wohl hinter uns. Unser Frühstück nehmen wir in Aquapendente ein, wo wir wieder auf unseren Pilgerpfad, den „Via Francigena" stoßen. Irgendwo müssen hier Wasserfälle sein, daher der Name „fallende Wasser". Wir gelangen in eine gemütliche, kulturell interessante Metropole. Nach zwei Stunden Unterwegssein nehmen wir hier unser übliches Frühstück ein: *uno capuccino e uno dolce*. Über San Lorenzo Nuovo erreichen wir gegen 17.30 Uhr Bolzeno am Bolzener See. Die Gegend hat sich gewandelt. Sie gleicht jetzt eher unserer oberschwäbischen Landschaft mit Getreidefeldern, Weiden und Wäldern. Es herrschen Akazien, Pinien, Fichten und vor allem Eichen vor. Völlig überrascht sind wir in San Lorenzo, als wir an einer Straßenkuppe bereits jetzt den Lago Bolzeno sehen, es sind aber dennoch einige Stunden, bis wir unser Ziel nach 28 km Tagesleistung erreichen. Ein paar Mal müssen wir unsere Regenumhänge herausholen. Gott sei Dank ist es nur leichter Regen. In Bolzeno übernachten wir in der Pensiona Italia, einem villenartigen Haus einer alt eingesessenen Familie. Es ist angenehm und empfehlenswert. Auch hier gäbe es viel zu sehen. Wir beschränken uns auf einen kleinen Stadtbummel, der dann von einem Platzregen beendet wird. Im Antica Trattoria genehmigen wir uns ein gutes Abschlussessen mit gegrilltem Fisch. Der Wirt stellt uns noch eine Flasche Grappa auf den Tisch. So gehen wir, nachdem wir noch eine Stunde lang einem Vorspielkonzert jugendlicher Musikanten gelauscht haben, bald zufrieden zu Bett.

Nebenbei am Wege gibt es immer wieder interessante Geschichten wie die von Papst Gregor, der hier in Aquapendente mit Geldern des Vatikans eine Brücke über den Fluss bauen ließ, weil es ihn störte, immer wieder umständlich mit Flößen sein ganzes Gehabe über den Fluss zu transportieren.

Mittwoch, 30. Mai 2007

Von Bolzena nach Hause

Heute, an unserem Heimreisetag, lassen wir es etwas gemütlicher angehen. Gegen 8.00 Uhr sind wir auf den Gassen in Bolzena und fragen nach einer Verbindung nach Pisa. Bald stellt sich heraus, dass der letzte Autobus bereits um 7.00 Uhr nach Orvieto gefahren ist. Nach anfänglichen Bedenken entscheiden wir uns, per Autoanhalter nach Orvieto zu kommen. Ab Orvieto gibts Bahnverbindungen nach Süden und eben über Arezzo, Florenz nach Pisa. Da wir doch nicht so sicher über unser Fortkommen sind, stellen wir uns nicht an, sondern auf die Straße. Das ist eben der Unterschied zwischen Auto stoppen und Autos anhalten. Dieses rigorose Procedere müssen wir dreimal wiederholen, da leider niemand am Stück die 17 km nach Orvieto fährt. Im Augenblick, es ist 17:15 Uhr, sitze ich in Pisa im Flugzeug und hoffe auf einen baldigen Start und guten Flug.

Baschi
Bolzena
Terni
Tuscania
Viterbo
Magliano Sabina
Ronciglione
Sutri
Fiano Romano
Cerveteri
Rom

XII. Teilstrecke von Bolzena nach Rom

Erster Blick auf Rom vom Monte Mario.

Da draußen liegt Rom, 120 Wanderkilometer entfernt

Freitag, 26. September 2008

Anfahrt nach Bolzena

Von Memmingen aus startet unser TUI-Flieger gegen 11.00 Uhr nach Rom. Dort ist schönes Wetter angesagt. Ich freue mich sehr auf Italien, aufs Wandern und Entdecken. In Rom sind wir schnell. Bis wir jedoch vom Flughafen zum Zentralbahnhof, von dort mit dem „Treno" nach Orvieto gefahren sind, und weiter mit dem Bus, der erst um 17.20 Uhr abfährt, ist es 18.00 Uhr bis wir am Ausgangspunkt in Bolzena sind. Zu allem „Überfluss" ist dort ein Zelt aufgebaut. Hier gibt es allerlei einheimische Kostbarkeiten: Käsehäppchen, gebackene Olivenblätter, Kuchen mit Fisch und Spinat, Süßes, Wein etc.. Kostenlos! Ein herzlicher Empfang – speziell für uns.

Gegen 19.00 Uhr gehen wir auf die Strecke. Nach ca. zwei km müssen wir (insbesondere ich) einsehen, dass die Straße zu stark befahren ist und die Alternative, der Weg über die Berge, jetzt bei Nacht ein Risiko wäre. So gehen wir die Strecke wieder zurück (!) und nächtigen abermals in der „Pensione Italia".

Über den Dächern von Montefiascone

Samstag, 27. September 2008

Von Bolzena nach Viterbo (über Montefiascone)

Nach dem „verlorenen" Wandertag sind wir bereits um 6.45 Uhr marschbereit auf den engen Gassen in Bolzena. Ich brenne darauf, endlich raus zu kommen aus dem Geschäft, Auto, Haus, Flugzeug, Stadt. Jetzt möchte ich übers Land wandern. Auf der „Via Porta Roma" geht es in südöstlicher Richtung durch das Stadttor.

Wir beschließen, uns an den „Via Francigena" zu halten. Das bedeutet, links oben nach Bolzena über die Berge zu gehen. Die Route stellt sich als kurzweilige Strecke mit wunderbaren Aussichten heraus. Bald sehen wir Montefiascone – unser Ziel, welches wir dann gegen 12.00 Uhr erreichen. Glücklicherweise treffen wir auf einen älteren Herrn, einen „Römer", der zeitweise auch in Montefiascone lebt. Er gibt uns einen Crashkurs hinsichtlich der Kultur dieser Stadt, insbesondere der Geschichte der Kirche „San Flaviano" aus dem 11. Jahrhundert. Der Geschichte nach ist hier ein gewis-

Beim Geschichtsunterricht

ser Johannes Fugger im Boden eingemauert. Als großer Weinliebhaber (man könnte vielleicht auch Saufkopf dazu sagen) war er im Gefolge von (Kaiser) Heinrich V. auf dem Weg nach Rom. Er ließ einen Diener vorausreisen. Der hatte ausschließlich die Aufgabe, Wein in den Gasthöfen vorzukosten. In Tavernen mit gutem Wein hatte er mit Kreide EST zu schreiben. In Montefiascone fand der Diener den Wein so gut, dass er EST! EST! EST! an die Tür schrieb. Ein Weinfest *(Fiera del Vino)* wird jährlich in den ersten beiden Augustwochen zur Erinnerung an diesen Johann Fugger gefeiert.

Im Gegensatz zu unserem Johannes aus Augsburg sind wir nicht dort geblieben (er ist dort der Geschichte nach dem übermäßigen Weinkonsum erlegen), sondern sind weiter in Richtung Viterbo gezogen. Da es am Weg praktisch kein Dorf und keine Übernachtungsmöglichkeit gibt, sind wir gezwungen, den ganzen Weg bis Viterbo zu gehen. Um 20.00 Uhr kommen wir völlig platt in der „Albergo Roma" an. Wir sind an einem Tag gleich zwei Tagesetappen gegangen.

Leider können wir nicht in die 65-Grad-heißen Thermen von Bagnaccio steigen. Erstens wird es bereits dunkel und zweitens geht den ganzen Tag ein kalter Nordostwind.

Diesen Herrn Hemmingway trifft man wohl überall auf der Welt

Sonntag, 28. September 2008

Von Viterbo nach Vetralla

Nach unserem gestrigen Mammutmarsch lassen wir es heute ruhiger angehen. Ausnahmsweise frühstücken wir. Danach nehmen wir uns Zeit für die Kultur in Viterbo, das an der Nord-Süd-Achse zu Rom liegt und voller historischer Begebenheiten steckt. Einem Teil davon begegnen wir im Nationalmuseum. Es zeigt 3.000 Jahre Geschichte, insbesondere die der Etrusker, aber auch der Kelten usw. Es wurden hier sehr aufschlussreiche Funde aus früheren und aktuellen Ausgrabungen gefunden. Als zweites Frühstück gibt es am Weg die besten Feigen aller Zeiten. Von Traubenpflückern werden uns Äpfel und Trauben gespendet. Immer wieder erleben wir solche Gesten am Wegesrand. Am Abend beschenkt uns eine Frau mit diesen wunderbaren *Cantuccini*, und davon gleich zwei Päckchen, da der Mensch auch zwei Augen habe.

Gegen 16.30 Uhr stoßen wir mehr oder weniger zufällig auf die heißen Quellen von „Therma San Sisto". Wir haben Glück. Ein junges Paar aus Rom, mit dem wir ins Gespräch kommen, lädt uns ein. Der Eintritt kostet normalerweise 25 €. Als Gast eines Einheimischen zahlt man nur 10 €. Schön! Das Wasser ist 60 Grad heiß. Unserem Körper, besonders den Füßen, tut das sehr wohl. Sogar ein kaltes Becken gibt es. Und so genießen wir den Thermal-Badespaß sehr. Unsere Gastgeber, Elena und Jordan, laden wir zum Dank auf ein Glas Wein ein. Wir unterhalten uns auf englisch, und es entwickelt sich schnell eine vertraute Atmosphäre. Er kommt aus

den USA und verdient sich sein Geld als privater Musiklehrer in Rom, sie arbeitet dort als Architektin.

Am Abend können wir nur mit Müh und Not etwas zu Essen organisieren. Irgendwann bekommen wir in einem Schuppen eine Pizza. Wir essen zu zweit eine, da wir schon ein komisches Gefühl haben. Sie schmeckt dann zum K***** (halb durch und mit Eiern und so). Nicht umsonst steht in unserem Reiseführer: „Wenn sie Vetralla umgehen möchten …"

Hier werden Haselnüsse geerntet

Montag, 29. September 2008

Von Vetralla nach Sutri

Gegen 17.00 Uhr erreichen wir heute Sutri. Schwester „sowieso" empfängt uns hinter mittelalterlichen Türen und Mauern. Für mich ist es nicht ganz verständlich, was diese Menschen dazu bewegt, sich hier einzuschließen. Ich jedenfalls bin immer wieder froh, wenn ich aus diesen kühlen, dunklen und engen Räumen herauskomme. So schön diese auf Felsen gebauten Dörfer hier in Latio sind, dauerhaft wohnen möchte ich hier nicht.

Die Wanderwege sind überwiegend abseits der Straße, oft in Hohlwegen. Es ist zwar klimatisch sehr angenehm, aber die Fernsicht leidet doch darunter. In der hiesigen Gegend werden neben Oliven fast ausschließlich Haselnüsse angebaut. Wir sammeln und essen und sammeln und gehen und essen und gehen und füllen die Taschen damit. Am Abend haben wir es dann auf rund 30 km Wegstrecke gebracht. Am Morgen danach mussten wir noch sieben Kilometern Wegstrecke nachholen. Das Stück von den Thermen waren wir nämlich mit unserem römischen Paar gefahren.

Nach unseren Berechnungen müssten wir übermorgen, am Mittwochabend, in Rom ankommen. Es sind noch 60 km. Alle Restaurants, Osterias, Pizzerias sind geschlossen. In letzter Minute vor Ladenschluss beschaffen wir uns ein italienisches Vesper und nehmen dieses genussvoll auf unserem Zimmer im Kloster ein. Um 22:00 Uhr schlafen wir selig, um gegen 7.00 Uhr wieder auf Tour zu sein.

Dienstag, 30. September 2008

Von Sutri nach Campagnano Romano

Ortsausgang Sutri. Die Strecke ist gespickt mit Historischem. Insbesondere die in Tuffstein gehauenen *Tombas* (Gräber) der Etrusker. Eine faszinierende Sehenswürdigkeit ist das Amphitheater von Sutri. Die Sitzplätze sind vollständig in Stein gehauen. Wir halten uns eine zeitlang dort auf, dann geht's weiter. Leider sind jetzt gerade meine Foto-Batterien am Ende...

Heute führt uns der Via Francigena über Wälder, Felder, Berge, Täler, über Schnellstraßen, auf Schnellstraßen und an Schnellstraßen entlang. Nachmittags erreichen wir Campagnano. Eigentlich möchten wir noch zehn Kilometer weiter, weil wir morgen Rom erreichen möchten. Aber das Städtchen gefällt uns. Vom Tourist-Office werden wir per Auto ins Pilgerheim gefahren. Traditionell gehen wir noch zum Friseur. Den Tag beschließen wir mit einem Grappa.

Mittwoch, 1. Oktober 2008

Von Campagnano Romano nach Rom

Es ist jetzt halb acht Uhr abends. Gegen 18:00 Uhr sind wir an den Mauern des Vatikans angekommen. Wir sind dankbar für diese Idee, für diese 12 Touren und vor allem dafür, dass wir immer heil wieder heimgekommen sind. Immer wieder denke ich an die vielen, vielen Reisenden, die diese Strecke von und nach Rom vor allem in früheren Jahrhunderten gegangen sind. Nicht nur Päpste, Kardinäle, Politiker oder Kaufleute, auch die einfachen Menschen, die diesen Weg zu Fuß gegangen sind. An Marksteinen, Brunnen, kleinen Kirchen oder Hospitalen

Ein gleichermaßen faszinierender wie ergreifender Augenblick – Rom zu Fuß errreicht

bekommt man manchmal eine Ahnung von diesen Zeiten. In Rom, an der Via Triumphale, sehen wir z.B. ein Häuschen mit einer großen Pferdetränke aus alten Zeiten. Etwa acht Meter unterhalb des jetzigen Straßenniveaus, selbstverständlich außer Betrieb.

Vorher sind wir über den „Monte Mario" gegangen. Von hier aus habe ich zum ersten Mal Rom gesehen! Es erscheint zunächst wie eine große italienische Stadt, aber eben historisch erhalten mit Türmen, Kirchen, Plätzen und pulsierendem Leben. Wir gehen die letzten Serpentinen hinab und nach weiteren 20 Minuten erreichen wir über die Via Leon die Mauern des Vatikans.

Feiern.
Zufrieden sein.
Dabei sein.
Leben!

MAXAN MD
XII PONT

Spanische Treppe

Karl Josef fachsimpelt mit einem Schweizergardisten über den besten Fußweg von der Schweiz nach Rom

Einkaufen in Rom

Offizielles – eine Pilgerurkunde als Bestätigung

OPERA ROMANA
PELLEGRINAGGI
ROMA CRISTIANA

Forum Romanum
und Kolosseum

Touristen unter sich

Romulus und Remus

Donnerstag, 2. Oktober 2008

Rom

Wie von mir prophezeit, treffen wir Barbara und Helena am Eingang zum Grab des heiligen Petrus. Es waren die einzigen Pilger, die wir unterwegs getroffen haben. Gestern hatten wir sie bei Formello eingeholt und sind ca. eine Stunde lang mit ihnen marschiert. Sie waren etwa in unserem Alter und kamen aus Riezlern im Kleinwalsertal/Österreich. Man trifft sich im Leben eben doch meist zweimal – oder – Rom ist auch nur ein Dorf!

Rom gefällt mir besser als ich es mir vorgestellt habe. Vorweg: Den Verkehr haben die Römer nicht im Griff. Da sind sie irgendwo zwischen dem ersten und zweiten Weltkrieg steckengeblieben. Ein bisschen U-Bahn (Metro), ein bisschen Straßenbahn und einige Busse. Und unzählige Autos, Autos, Motorroller und Staus. Wenn man diesen Zustand ausblendet, bleibt

- Ein riesiges Museum mit Jahrtausende währender einflussreicher Geschichte
- Freundliche, zuvorkommende Menschen
- Gemütliche Gastronomie
- Weltstadtflair
- …

Bild unten: Unsere 52. und letzte Herberge

Entgegen unserer Planung, heute per Bus eine Sightseeing-Tour zu machen, um unsere müden Füße zu schonen, sind wir dann doch wieder den ganzen Tag *a piedi* unterwegs. Von 9.00 – 21.00 Uhr! Danach konnten wir uns gerade noch in ein Restaurant schleppen. Unsere Route war Vatikan – Petersplatz, Petersdom, Grab des hl. Petrus – Einkaufsbummel Richtung P' Popollo – die Straße hinunter Richtung Kolosseum (Via del Corso) – an der spanischen Treppe vorbei – vom Kolosseum zurück über das Forum Romanum – über die Engelsbrücke – dieser Stadtteil ist sehr gemütlich, einladend und angenehm.

Am nächsten Tag, den 3. Oktober 2008, ist unser Rückreisetag. Wir kommen am 04. Oktober 2008 gegen 16.00 Uhr heil zu Hause an.

Nachwort

Mein Dank gilt in erster Linie meiner Frau Erika, die während unserer Wanderwochen zuhause bei unseren vier Kindern Arbeit und Verantwortung übernommen und mir damit den Rücken freigehalten hat.

Herzlichen und aufrichtigen Dank an alle, die uns unterwegs beherbergt oder auf irgendeine andere Art weitergeholfen haben.

Besondere Dankbarkeit empfinde ich gegenüber meinem Freund und Begleiter Karl Josef Kruk. Wir haben, so glaube ich, gegenseitige Rücksicht bei allen Entscheidungen genommen. Wir haben uns die notwendigen Freiräume gelassen, wenn einer von uns alleine sein wollte. Es ist sehr schön und bereichernd, wenn man nach Zeiten des Bei-sich-seins jemanden hat, mit dem man Erkenntnisse oder spontane Gedanken austauschen kann. Viele Landschaften, Städte, Dörfer und Menschen haben wir taxiert. Ebenso Häuser und Grundstücke die wir (beinahe) gekauft hätten. Und, wir hatten sehr viel Spaß mit einander. Und gegen Ende unserer gemeinsamen Wanderjahre konnten wir uns zugestehen, dass wir uns zwölf Mal aufrichtig auf unsere Unternehmung gefreut haben und dass unsere Freundschaft jedes Mal an Tiefe gewonnen hat.

Josef Hipper

Gang am Abend
Spät auf staubiger Straße geh ich,
Mauerschatten fallen schräg,
Und durch Rebenranken seh ich
Mondlicht über Bach und Weg.

Lieder, die ich einst gesungen,
Stimm ich leise wieder an,
Ungezählter Wanderungen
Schatten kreuzen meine Bahn.

Wind und Schnee und Sonnenhitze
Vieler Jahre klingt mir nach,
Sommernacht und blaue Blitze,
Sturm und Reiseungemach.

Braun gebrannt und vollgesogen
Von der Fülle dieser Welt,
Fühl ich weiter mich gezogen,
Bis mein Pfad ins Dunkle fällt.

Aus Wanderung von
Hermann Hesse